Kinesisk matlagning
för hemmakockar

En autentisk guide till att skapa kinesiska smaker hemma

Lin Zhang

Innehåll

Sötsyrlig karp 10
Karp med tofu 12
Mandel fiskbulle 14
Torsk med bambuskott 16
Fisk med böngroddar 18
Fiskfilé i brun sås 20
Kinesiska fiskkakor 21
Krispigt stekt fisk 22
Stekt torsk 23
Fem kryddiga fiskar 24
Doftande fiskpinnar 25
Fisk med gurka 26
Ingefära kryddad torsk 27
Torsk med mandarinsås 29
Fisk med ananas 31
Fiskrullar med fläsk 33
Fisk i risvin 35
Snabbstekt fisk 36
Sesamfröfisk 37
Ångkokta fiskbullar 38
Marinerad sötsur fisk 39
Fisk med vinägersås 40
Stekt ål 42
Torrkokt ål 43
Ål med selleri 45
Paprika fyllda med kolja 46
Kolja i svartbönsås 47
Fisk i brun sås 48
Fem kryddiga fiskar 49
Kolja med vitlök 50
Kryddig fisk 51
Ginger Cod med Pak Soi 53

3

Koljaflätor 55
Ångad fiskrulle 56
Hälleflundra med tomatsås 58
Havsruda med broccoli 59
Mullet med tjock sojasås 61
västerländsk havsfisk 62
Stekt flundra 63
Ångad flundra med kinesiska svampar 64
Flundra med vitlök 65
Flundra med ananassås 66
Lax med tofu 68
Stekt marinerad fisk 69
Öring med morötter 70
Stekt öring 71
Öring med citronsås 72
kinesisk tonfisk 74
Marinerade fiskbiffar 76
Räkor med mandel 77
anisräkor 78
Räkor med sparris 79
Räkor med bacon 80
räkbollar 81
Grillade räkor 83
Räkor med bambuskott 84
Räkor med böngroddar 85
Räkor med svartbönsås 86
Räkor med selleri 88
Stekta räkor med kyckling 89
Chiliräkor 90
Räkkotlett Suey 91
Räka Chow Mein 92
Räkor med zucchini och litchi 93
Räkor med krabbor 95
Räkor med gurka 97
Räkcurry 98
Räksvamp curry 99

Friterad räka 100
Stekta räkor i smet 101
Räkdumplings med tomatsås 102
Räkor och äggkopp 104
Räkäggrullar 105
Räkor i stil med Fjärran Östern 107
Foo Yung Räkor 109
Räkfrites 110
Stekta räkor i sås 112
Pocherade räkor med skinka och tofu 114
Kryddigt stuvat fläsk 115
Ångkokta fläskbullar 116
Fläsk med kål 118
Fläsk med kål och tomater 120
Marinerat fläsk med kål 121
Fläsk med selleri 123
Fläsk med kastanjer och svamp 124
Fläskkotlett suey 125
Fläsk Mein 127
Helstekt fläsk Mein 129
Fläsk med chutney 130
Fläsk med gurka 132
Krispiga fläskpaket 133
Fläskäggrullar 135
Äggrullar med fläsk och räkor 136
Stuvat fläsk med ägg 138
Eldrig fläsk 139
Stekt fläskdumpling 140
Fem kryddor fläsk 141
Ångat doftande fläsk 142
Fläsk med hackad vitlök 144
Stekt fläsk med ingefära 145
Fläsk med gröna bönor 146
Fläsk med skinka och tofu 147
Stekt fläskkebab 148
Stuvat fläskknä i röd sås 149

Marinerat fläsk 151
Marinerade fläskkotletter 152
Fläsk med svamp 153
Ångad köttpaj 154
Rött kokt fläsk med svamp 155
Fläsk med nudelpannkakor 156
Fläsk och räkor med nudelpannkakor 157
Fläsk med ostronsås 159
Fläsk med jordnötter 160
Fläsk med paprika 162
Kryddigt fläsk med gurka 163
Fläsk med plommonsås 165
Fläsk med räkor 166
Rött kokt fläsk 167
Fläsk i röd sås 168
Fläsk med risnudlar 170
Rika fläskbollar 171
Stekt fläskkotletter 173
Kryddat fläsk 174
Släta fläskskivor 176
Fläsk med spenat och morötter 177
Stuvat fläsk 178
Grillat fläsk 179
Fläsk med sötpotatis 180
Sötsurt fläsk 181
Rejäl fläsk 183
Fläsk med tofu 184
Mjukstekt fläsk 185
Två gånger kokt fläsk 186
fläsk med grönsaker 187
Fläsk med valnötter 189
Fläsk wontons 190
Fläsk med vattenkastanjer 191
Fläsk och räkor wontons 192
Ångkokta köttbullar 193
Spare ribs med svartbönsås 195

Grillade revbensspjäll ... 197
Grillade Maple Spare Ribs ... 198
Stekta revbensspjäll ... 199
Spare ribs med purjolök ... 200
Spare ribs med svamp ... 202
Spare ribs med apelsin ... 203
Ananas revbensspjäll ... 205
Krispiga räkor Spare Ribs ... 207
Spare ribs med risvin ... 208
Spare ribs med sesamfrön ... 209
Söta och sura revbensspjäll ... 211
Stekta revbensspjäll ... 213
Spare ribs med tomater ... 214
Grillad fläskstek ... 215
Kall fläsk med senap ... 216
Kinesiskt stekt fläsk ... 218
Fläsk med spenat ... 219

Sötsyrlig karp

för 4

1 stor karp eller liknande fisk
300 g/11 oz/¬œ kopp majsstärkelse (majsstärkelse)
250 ml/8 fl oz/1 kopp vegetabilisk olja
30ml/2 msk sojasås
5 ml/1 tsk salt
150 g/5 oz/peak ¬Ω kopp socker
75 ml/5 msk vinäger
15 ml/1 msk risvin eller torr sherry
3 ramslökar (salladslökar), fint hackade
1 skiva ingefära, finhackad
250 ml kokande vatten

Rensa, skala och blötlägg fisken i kallt vatten i flera timmar. Låt rinna av och klappa torrt och sedan flera gånger på varje sida. Lägg åt sidan 30 ml/2 msk av majsstärkelsen och blanda gradvis in tillräckligt med vatten i den återstående majsstärkelsen för att göra en styv deg. Klä fisken med smeten. Hetta upp mycket het olja och stek fisken tills den är knaprig på utsidan, sänk sedan värmen och fortsätt steka tills fisken är mjuk. Under tiden, återstående majsstärkelse, sojasås, salt, socker, vinäger,

Vin eller sherry, vårlök och ingefära. När fisken är tillagad, överför den till en varm serveringsfat. Tillsätt såsblandningen och vattnet till oljan och låt koka upp, rör om väl, tills såsen tjocknar. Häll över fisken och servera genast.

Karp med tofu

för 4

1 karp
60 ml/4 msk jordnötsolja (jordnötsolja)
225 g tofu, skuren i tärningar
2 ramslökar (salladslökar), fint hackade
1 vitlöksklyfta, finhackad
2 skivor ingefära, fint hackad
15 ml/1 msk chilisås
30ml/2 msk sojasås
500 ml / 16 fl oz / 2 koppar fond
30 ml/2 msk risvin eller torr sherry
15 ml/1 matsked majsstärkelse (majsstärkelse)
30 ml/2 msk vatten

Trimma, balansera och rengör fisken och rita 3 diagonala linjer på varje sida. Hetta upp oljan och stek tofun tills den är ljust gyllenbrun. Ta bort från pannan och låt rinna av väl. Lägg fisken i pannan och stek tills den är gyllene, ta sedan ut den från pannan. Häll av allt utom 15 ml/1 msk av oljan och fräs sedan salladslöken, vitlöken och ingefäran i 30 sekunder.

Tillsätt chilisås, soja, fond och vin och låt koka upp. Lägg försiktigt fisken i pannan

låt tofun puttra och puttra utan lock i cirka 10 minuter, tills fisken är kokt och såsen har reducerats. Överför fisken till en förvärmd serveringsskål och häll tofun över den. Gör en uppslamning av majsmjöl och vatten, rör ner i såsen och koka under konstant omrörning tills såsen tjocknar något. Häll över fisken och servera genast.

Mandel fiskbulle

för 4
100 gram mandel
450 g torskfilé
4 skivor rökt skinka
1 vårlök (salladslök), hackad
1 skiva ingefära, hackad
5 ml/1 tsk majsstärkelse (majsstärkelse)
5ml/1 tsk socker
2,5 ml/¬Ω tesked salt
15 ml/1 msk sojasås
15 ml/1 msk risvin eller torr sherry
1 ägg, lätt uppvispat
frityrolja
1 citron, skuren i klyftor

Blanchera mandlarna i kokande vatten i 5 minuter, låt rinna av och hacka. Skär fisken i 9 cm rutor och skinkan i 5 cm rutor. Blanda salladslök, ingefära, majsstärkelse, socker, salt, soja, vin eller sherry och ägg. Doppa fisken i blandningen och lägg på arbetsytan. Bred toppen med mandel och lägg en skiva skinka ovanpå. Rulla och bind fisken

koka upp, hetta upp oljan och stek fiskrullarna i några minuter tills de är gyllene. Låt rinna av på hushållspapper och servera med citron.

Torsk med bambuskott

för 4

4 torkade kinesiska svampar
900 g torskfilé, skuren i tärningar
30 ml/2 msk majsstärkelse (majsstärkelse)
frityrolja
30 ml/2 msk jordnötsolja (jordnötsolja)
1 vårlök (lök i skalet), skivad
1 skiva ingefära, hackad
Salt-
100 g bambuskott, skurna i skivor
120 ml/4 fl oz/¬Ω kopp fiskfond
15 ml/1 msk sojasås
45 ml/3 msk vatten

Blötlägg svampen i varmt vatten i 30 minuter och låt sedan rinna av. Kassera stjälkarna och hacka locken. Pudra fisken med hälften majsmjöl. Hetta upp oljan och stek fisken gyllene. Låt rinna av på hushållspapper och håll varmt.

Värm under tiden oljan och fräs vårlök, ingefära och salt lätt. Tillsätt bambuskotten och fräs i 3 minuter. Tillsätt fond och sojasås, låt koka upp och koka i 3 minuter. Blanda den återstående majsstärkelsen med vattnet till en pasta, lägg i pannan och koka under konstant omrörning tills såsen tjocknar. Häll över fisken och servera genast.

Fisk med böngroddar

för 4

450 g böngroddar

45 ml/3 msk jordnötsolja (jordnötsolja)

5 ml/1 tsk salt

3 skivor ingefära, hackad

450 g fiskfiléer, skurna i skivor

4 salladslökar (lökar), skivade

15 ml/1 msk sojasås

60 ml/4 msk fiskfond

10 ml/2 tsk majsstärkelse (majsstärkelse)

15 ml/1 matsked vatten

Blanchera böngroddarna i kokande vatten i 4 minuter och låt rinna av väl. Hetta upp hälften av oljan och fräs salt och ingefära i 1 minut. Tillsätt fisken och stek tills den fått lite färg, ta sedan ut den från pannan. Hetta upp resterande olja och fräs vårlöken i den i 1 minut. Tillsätt sojasåsen och fonden och låt koka upp. Lägg tillbaka fisken i pannan, täck över och koka i 2 minuter tills fisken är mjuk. Blanda maizena och vatten till en pasta, lägg i pannan och koka under konstant omrörning tills såsen är klar och tjocknat.

Fiskfilé i brun sås

för 4

450 g torskfilé, skuren i tjocka skivor
30 ml/2 msk risvin eller torr sherry
30ml/2 msk sojasås
3 ramslökar (salladslökar), fint hackade
1 skiva ingefära, finhackad
5 ml/1 tsk salt
5 ml/1 tsk sesamolja
30 ml/2 msk majsstärkelse (majsstärkelse)
3 ägg, vispade
90 ml/6 msk jordnötsolja (jordnötsolja)
90 ml/6 msk fiskfond

Lägg fiskfiléerna i en skål. Blanda vin eller sherry, sojasås, vårlök, ingefära, salt och sesamolja, häll över fisken, täck och låt marinera i 30 minuter. Ta bort fisken från marinaden och tillsätt majsstärkelsen och doppa sedan i det uppvispade ägget. Hetta upp oljan och stek fisken gyllene på utsidan. Häll av oljan och rör ner fonden och resten av marinaden. Koka upp och låt sjuda i ca 5 minuter tills fisken är klar.

Kinesiska fiskkakor

för 4

450 g hackad (malen) torsk
2 ramslökar (salladslökar), fint hackade
1 vitlöksklyfta, krossad
5 ml/1 tsk salt
5ml/1 tsk socker
5ml/1 tsk sojasås
45 ml/3 msk vegetabilisk olja
15 ml/1 matsked majsstärkelse (majsstärkelse)

Blanda torsk, vårlök, vitlök, salt, socker, soja och 10 ml/2 tsk olja. Knåda väl, strö över lite majsstärkelse då och då, tills massan är mjuk och elastisk. Gör 4 fiskkakor. Hetta upp oljan och stek fiskkakorna tills de är gyllene, tillplattade, ca 10 minuter. Servera varm eller kall.

Krispigt stekt fisk

för 4

450 g fiskfilé skuren i strimlor
30 ml/2 msk risvin eller torr sherry
Salta och nymalen peppar
45 ml/3 msk majsstärkelse (majsstärkelse)
1 äggvita, lätt vispad
frityrolja

Häll vinet eller sherryn över fisken och smaka av med salt och peppar. Pudra lätt med majsstärkelse. Vispa resterande maizena i äggvitan tills den blir styv och doppa sedan fisken i smeten. Hetta upp oljan och stek fisknudlarna i den i några minuter tills de är gyllene.

Stekt torsk

för 4

900 g torskfilé, skuren i tärningar
Salta och nymalen peppar
2 ägg, vispade
100 g/4 oz/1 kopp vanligt (all-purpose) mjöl
frityrolja
1 citron, skuren i klyftor

Krydda torsken med salt och peppar. Vispa ägg och mjöl till en deg och smaka av med salt. Doppa fisken i smeten. Hetta upp oljan och stek fisken i den i några minuter tills den är gyllene och genomstekt. Låt rinna av på hushållspapper och servera med citronklyftor.

Fem kryddiga fiskar

för 4

4 torskfiléer
5 ml/1 tsk Five Spice Powder
5 ml/1 tsk salt
30 ml/2 msk jordnötsolja (jordnötsolja)
2 vitlöksklyftor, krossade
2,5 ml/1 ingefära, hackad
30 ml/2 msk risvin eller torr sherry
15 ml/1 msk sojasås
några droppar sesamolja

Klä fisken med fem kryddor och salt. Hetta upp oljan och stek fisken gyllene på båda sidor. Ta bort från pannan och tillsätt resterande ingredienser. Värm upp igen under konstant omrörning, lägg sedan tillbaka fisken i pannan och värm upp lite innan servering.

Doftande fiskpinnar

för 4

30 ml/2 msk risvin eller torr sherry

1 vårlök (finhackad).

2 ägg, vispade

10ml/2 tsk currypulver

5 ml/1 tsk salt

450 g vit fiskfilé, skuren i strimlor

100 gram ströbröd

frityrolja

Blanda vin eller sherry, vårlök, ägg, curry och salt. Doppa fisken i blandningen för att täcka bitarna jämnt, tryck sedan ner i ströbrödet. Hetta upp oljan och stek fisken i några minuter tills den är knaprig och gyllene. Låt rinna av väl och servera genast.

Fisk med gurka

för 4

4 vita fiskfiléer

75 g små gurkor

2 vårlökar (salladslökar)

2 skivor ingefärarot

30 ml/2 msk vatten

5 ml/1 tsk jordnötsolja (jordnötsolja)

2,5 ml/¬Ω tesked salt

2,5 ml/¬Ω tesked risvin eller torr sherry

Lägg fisken på en värmesäker plåt och strö över resten av ingredienserna. Lägg på ett galler i en ångkokare, täck över och ånga över kokande vatten tills fisken är mjuk, cirka 15 minuter. Lägg över till en förvärmd serveringsfat, släng ingefäran och vårlöken och servera.

Ingefära kryddad torsk

för 4

225 g tomatpuré (puré)

30 ml/2 msk risvin eller torr sherry

15 ml/1 msk riven ingefära

15 ml/1 msk chilisås

15 ml/1 matsked vatten

15 ml/1 msk sojasås

10 ml/2 tsk socker

3 vitlöksklyftor, krossade

100 g/4 oz/1 kopp vanligt (all-purpose) mjöl

75 ml/5 msk majsstärkelse (majsstärkelse)

175 ml/6 fl oz/¬æ kopp vatten

1 äggvita

2,5 ml/¬Ω tesked salt

frityrolja

450 g torskfilé, skalet avlägsnat och skär i tärningar

Till såsen, blanda tomatpuré, vin eller sherry, ingefära, chilisås, vatten, sojasås, socker och vitlök. Koka upp och koka sedan under omrörning i 4 minuter.

Vispa mjöl, majsstärkelse, vatten, äggvita och salt till en jämn smet. Värm oljan. Doppa fiskbitarna i smeten och stek tills de är mjuka och gyllene, ca 5 minuter. Låt rinna av på hushållspapper. Häll av all olja och lägg tillbaka fisken med såsen i pannan. Värm försiktigt i 3 minuter tills fisken är helt täckt av såsen.

Torsk med mandarinsås

för 4

675 g torskfilé skuren i strimlor

30 ml/2 msk majsstärkelse (majsstärkelse)

60 ml/4 msk jordnötsolja (jordnötsolja)

1 vårlök (salladslök), hackad

2 vitlöksklyftor, krossade

1 skiva ingefära, hackad

100 g svamp, skuren i skivor

50 g bambuskott skurna i strimlor

120 ml/4 fl oz/¬Ω kopp sojasås

30 ml/2 msk risvin eller torr sherry

15 ml/1 msk farinsocker

5 ml/1 tsk salt

250 ml / 1 dl kycklingfond

Doppa fisken i majsstärkelsen tills den är lätt täckt. Hetta upp oljan och stek fisken på båda sidor tills den är gyllene. Ta bort från pannan. Tillsätt vårlök, vitlök och ingefära och fräs lätt under konstant omrörning. Tillsätt champinjonerna och bambuskotten och fräs i 2 minuter. Tillsätt resterande ingredienser och fortsätt

matlagning, blandning. Lägg tillbaka fisken i pannan, täck över och låt sjuda i 20 minuter.

Fisk med ananas

för 4

450 g fiskfilé

2 vårlökar (salladslökar), hackade

30ml/2 msk sojasås

15 ml/1 msk risvin eller torr sherry

2,5 ml/¬Ω tesked salt

2 ägg, lätt vispade

15 ml/1 matsked majsstärkelse (majsstärkelse)

45 ml/3 msk jordnötsolja (jordnötsolja)

225 g konserverad ananas i juice

Skär fisken mot skinnet i 2,5 cm strimlor och lägg i en skål. Tillsätt vårlök, soja, vin eller sherry och salt, blanda väl och låt stå i 30 minuter. Låt fisken rinna av, häll ut marinaden. Vispa ägg och majsstärkelse till en smet och doppa fisken i smeten för att täcka, släng överflödigt vatten. Hetta upp oljan och stek fisken gyllene på båda sidor. Sänk värmen och fortsätt koka tills de är mjuka. Blanda under tiden 60 ml/4 msk ananasjuice med den återstående smeten och ananasbitarna. Lägg i en kastrull på låg värme och koka under konstant omrörning tills det är varmt. Organisera

Lägg den kokta fisken på en förvärmd serveringsfat och bred ut såsen över den.

Fiskrullar med fläsk

för 4

450 g fiskfilé

100 g kokt fläsk, hackat (hackat)

30 ml/2 msk risvin eller torr sherry

15 ml/1 tsk socker

frityrolja

120 ml/4 fl oz/¬Ω kopp fiskfond

3 ramslökar (salladslökar), hackade

1 skiva ingefära, hackad

15 ml/1 msk sojasås

15 ml/1 matsked majsstärkelse (majsstärkelse)

45 ml/3 msk vatten

Skär fisken i 9 cm stora rutor. Blanda fläsket med vin eller sherry och hälften av sockret, gnid in i rutor av fisk, rulla ihop och fäst med snöre. Hetta upp oljan och stek fisken gyllene. Låt rinna av på hushållspapper. Värm under tiden upp fonden och tillsätt salladslöken, ingefäran, sojasåsen och resterande socker. Koka upp och koka i 4 minuter. Blanda maizena och vatten till en pasta, rör ner i pannan och låt koka upp, rör om tills såsen tar slut och tjocknar. Häll över fisken och servera genast.

Fisk i risvin

för 4

400 ml / 1 æ kopp risvin eller torr sherry
120 ml/4 fl oz/¬Ω kopp vatten
30ml/2 msk sojasås
5ml/1 tsk socker
Salta och nymalen peppar
10 ml/2 tsk majsstärkelse (majsstärkelse)
15 ml/1 matsked vatten
450 g torskfilé
5 ml/1 tsk sesamolja
2 vårlökar (salladslökar), hackade

Koka upp vin, vatten, soja, socker, salt och peppar och reducera till hälften. Blanda majsstärkelsen med vattnet till en pasta, rör ner i pannan och koka i 2 minuter under konstant omrörning. Salta fisken och ringla över sesamolja. Lägg i pannan och koka tills de är mjuka, cirka 8 minuter. Servera beströdd med vårlök.

Snabbstekt fisk

för 4

450 g torskfilé skuren i strimlor

Salt-

Soja sås

frityrolja

Gnid in fisken med salt och soja och låt den vila i 10 minuter. Hetta upp oljan och stek fisken i några minuter tills den är gyllene. Låt rinna av på hushållspapper och ringla rikligt med soja innan servering.

Sesamfröfisk

för 4

450 g fiskfilé skuren i strimlor
1 lök, hackad
2 skivor ingefära, hackad
120 ml/4 fl oz/½ kopp risvin eller torr sherry
10 ml/2 tsk farinsocker
2,5 ml/½ tesked salt
1 ägg, lätt uppvispat
15 ml/1 matsked majsstärkelse (majsstärkelse)
45 ml/3 msk vanligt (allsidigt) mjöl
60 ml/6 msk sesamfrön
frityrolja

Lägg fisken i en skål. Blanda lök, ingefära, vin eller sherry, socker och salt, tillsätt fisken och låt marinera i 30 minuter, vänd då och då. Vispa ägg, maizena och mjöl till en deg. Doppa fisken i smeten och tryck sedan ner den i sesamfröna. Hetta upp oljan och stek fisknudlarna i den i ca 1 minut tills de är gyllene och krispiga.

Ångkokta fiskbullar

för 4

450 g hackad (malen) torsk

1 ägg, lätt uppvispat

1 skiva ingefära, hackad

2,5 ml/¬Ω tesked salt

En nypa nymalen peppar

15ml/1 msk majsstärkelse (majsstärkelse) 15ml/1 msk risvin eller torr sherry

Blanda alla ingredienser väl och forma dem till valnötsstora bollar. Pudra eventuellt över lite mjöl. Lägg upp i en platt ugnssäker form.

Ställ skålen på ett galler i ångkokaren, täck över och ånga över försiktigt sjudande vatten tills den är kokt, cirka 10 minuter.

Marinerad sötsur fisk

för 4

450 g fiskfilé, skuren i bitar

1 lök, hackad

3 skivor ingefära, hackad

5ml/1 tsk sojasås

Salta och nymalen peppar

30 ml/2 msk majsstärkelse (majsstärkelse)

frityrolja

Sötsur sås

Lägg fisken i en skål. Blanda lök, ingefära, sojasås, salt och peppar, tillsätt fisken, täck över och låt vila i 1 timme, vänd då och då. Ta bort fisken från marinaden och pudra med majsstärkelse. Hetta upp oljan och stek fisken knaprig och gyllene. Låt rinna av på hushållspapper och lägg på en förvärmd serveringsfat. Förbered under tiden såsen och häll över fisken till servering.

Fisk med vinägersås

för 4

450 g fiskfilé skuren i strimlor
Salta och nymalen peppar
1 äggvita, lätt vispad
45 ml/3 msk majsstärkelse (majsstärkelse)
15 ml/1 msk risvin eller torr sherry
frityrolja
250 ml / 8 fl oz / 1 kopp fiskfond
15 ml/1 msk farinsocker
15 ml/1 matsked vinäger
2 skivor ingefära, hackad
2 vårlökar (salladslökar), hackade

Krydda fisken med lite salt och peppar. Vispa äggvitorna med 30 ml/2 msk majsstärkelse och vin eller sherry. Lägg fisken i smeten tills den är täckt. Hetta upp oljan och stek fisken i några minuter tills den är gyllene. Låt rinna av på hushållspapper.

Koka under tiden upp fond, socker och vinäger. Tillsätt ingefära och vårlök och låt sjuda i 3 minuter. Blanda den återstående majsstärkelsen med lite vatten för att bilda en pasta, blanda

Lägg i kastrullen och koka under ständig omrörning tills såsen har blivit rinnig och tjocknat. Häll över fisken för att servera.

Stekt ål

för 4

450 g ål

250 ml / 8 fl oz / 1 kopp jordnötsolja (jordnötsolja)

30ml/2 msk mörk sojasås

30 ml/2 msk risvin eller torr sherry

15 ml/1 msk farinsocker

En nypa sesamolja

Skala ålen och skär den i bitar. Hetta upp oljan och stek ålen gyllene. Ta bort från pannan och låt rinna av. Häll av allt utom 30 ml/2 msk olja. Hetta upp oljan och tillsätt soja, vin eller sherry och socker. Värm sedan ålen och fräs tills ålen är väl täckt och nästan all vätska har avdunstat. Ringla över sesamolja och servera.

Torrkokt ål

för 4

5 torkade kinesiska svampar

3 vårlökar (salladslökar)

30 ml/2 msk jordnötsolja (jordnötsolja)

20 vitlöksklyftor

6 skivor ingefärarot

10 vattenkastanjer

900g / 2lb ål

30ml/2 msk sojasås

15 ml/1 msk farinsocker

15 ml/1 msk risvin eller torr sherry

450 ml/¬æ pt/2 koppar vatten

15 ml/1 matsked majsstärkelse (majsstärkelse)

45 ml/3 msk vatten

5 ml/1 tsk sesamolja

Blötlägg svampen i varmt vatten i 30 minuter, låt sedan rinna av och kassera stjälkarna. Skär 1 vårlök i bitar och hacka den andra. Hetta upp oljan och fräs svamp, bitar av vårlök, vitlök, ingefära och kastanjer i 30 sekunder. Tillsätt ålen och fräs i 1 minut. sojasås, socker, vin eller

Koka upp sherry och vatten, täck och låt sjuda försiktigt i 1 timme, tråckla med lite vatten efter behov. Blanda majsmjöl och vatten till en pasta, lägg i pannan och koka under konstant omrörning tills såsen tjocknar. Servera med sesamolja och hackad vårlök.

Ål med selleri

för 4

350 g ål

6 stjälkar selleri

30 ml/2 msk jordnötsolja (jordnötsolja)

2 vårlökar (salladslökar), hackade

1 skiva ingefära, hackad

30 ml/2 msk vatten

5ml/1 tsk socker

5 ml/1 tsk risvin eller torr sherry

5ml/1 tsk sojasås

nymalen peppar

30ml/2 msk hackad färsk persilja

Skala ålen och skär den i strimlor. Skär sellerin i strimlor. Hetta upp oljan och fräs vårlöken och ingefäran i 30 sekunder. Tillsätt ålen och stek i 30 sekunder. Tillsätt sellerin och fräs i 30 sekunder. Tillsätt hälften av vattnet, socker, vin eller sherry, soja och peppar. Koka upp och koka några minuter tills sellerin är mör men fortfarande krispig och vätskan har minskat. Servera beströdd med persilja.

Paprika fyllda med kolja

för 4

225 g koljafilé, hackad (hackad)

100 g skalade räkor, hackade (hackade)

1 vårlök (salladslök), hackad

2,5 ml/¬Ω tesked salt

peppar

4 gröna paprikor

45 ml/3 msk jordnötsolja (jordnötsolja)

120 ml/4 fl oz/¬Ω kopp kycklingfond

10 ml/2 tsk majsstärkelse (majsstärkelse)

5ml/1 tsk sojasås

Blanda torsk, räkor, vårlök, salt och peppar. Skär bort stjälkarna från paprikan och ta bort mitten. Fyll paprikan med skaldjursblandningen. Hetta upp oljan och tillsätt paprika och buljong. Koka upp, täck över och koka i 15 minuter. Överför paprikan till en förvärmd serveringsfat. Blanda majsmjöl, soja och lite vatten och rör ner i pannan. Koka upp och koka under konstant omrörning tills såsen tjocknar och tjocknar.

Kolja i svartbönsås

för 4

15 ml/1 matsked jordnötsolja (jordnötsolja)
2 vitlöksklyftor, krossade
1 skiva ingefära, hackad
15 ml/1 msk svartbönsås
2 lökar, skurna i klyftor
1 stjälk selleri, skivad
450 g koljafilé
15 ml/1 msk sojasås
15 ml/1 msk risvin eller torr sherry
250 ml / 1 dl kycklingfond

Hetta upp oljan och fräs vitlök, ingefära och svartbönasås tills den fått lite färg. Tillsätt lök och selleri och fräs i 2 minuter. Lägg i koljan och koka ca 4 minuter på varje sida eller tills fisken är genomstekt. Tillsätt sojasås, vin eller sherry och kycklingfond, låt koka upp, täck och koka i 3 minuter.

Fisk i brun sås

för 4

4 kolja eller liknande fiskar
45 ml/3 msk jordnötsolja (jordnötsolja)
2 vårlökar (salladslökar), hackade
2 skivor ingefära, hackad
5ml/1 tsk sojasås
2,5 ml/½ tesked vinäger
2,5 ml/½ tesked risvin eller torr sherry
2,5 ml/½ tesked socker
nymalen peppar
2,5 ml/½ tesked sesamolja

Rensa fisken och skär den i stora bitar. Hetta upp oljan och fräs vårlöken och ingefäran i 30 sekunder. Lägg i fisken och stek tills den fått lite färg på båda sidor. Tillsätt soja, vinäger, vin eller sherry, socker och peppar och koka i 5 minuter tills såsen tjocknar. Servera översållad med sesamolja.

Fem kryddiga fiskar

för 4

450 g koljafilé

5 ml/1 tsk Five Spice Powder

5 ml/1 tsk salt

30 ml/2 msk jordnötsolja (jordnötsolja)

2 vitlöksklyftor, krossade

2 skivor ingefära, hackad

30 ml/2 msk risvin eller torr sherry

15 ml/1 msk sojasås

10 ml/2 tsk sesamolja

Klä torskfiléerna med fem kryddor och salt. Hetta upp oljan och stek fisken på båda sidor tills den är brun, ta sedan ur pannan. Tillsätt vitlök, ingefära, vin eller sherry, sojasås och sesamolja och fräs i 1 minut. Lägg tillbaka fisken i pannan och koka försiktigt tills fisken är mjuk.

Kolja med vitlök

för 4

450 g koljafilé

5 ml/1 tsk salt

30 ml/2 msk majsstärkelse (majsstärkelse)

60 ml/4 msk jordnötsolja (jordnötsolja)

6 vitloksklyftor

2 skivor ingefära, krossad

45 ml/3 msk vatten

30ml/2 msk sojasås

15 ml/1 msk gul bönsås

15 ml/1 msk risvin eller torr sherry

15 ml/1 msk farinsocker

Strö koljan med salt och pudra över majsstärkelse. Hetta upp oljan och stek fisken på båda sidor tills den är gyllene, ta sedan ur pannan. Tillsätt vitlök och ingefära och koka i 1 minut. Tillsätt resten av ingredienserna, låt koka upp, täck över och låt sjuda i 5 minuter. Lägg tillbaka fisken i pannan, täck över och låt puttra tills den är mjuk.

Kryddig fisk

för 4

450 g koljafilé, skuren i tärningar

saft av 1 citron

30ml/2 msk sojasås

30ml/2 msk ostronsås

15 ml/1 matsked rivet citronskal

En nypa mald ingefära

salt och peppar

2 äggvitor

45 ml/3 msk majsstärkelse (majsstärkelse)

6 torkade kinesiska svampar

frityrolja

5 salladslökar (lökar), skurna i strimlor

1 stav selleri, skuren i strimlor

100 g bambuskott skurna i strimlor

250 ml / 1 dl kycklingfond

5 ml/1 tsk Five Spice Powder

Lägg fisken i en skål och ringla över citronsaft. Blanda sojasås, ostronsås, citronskal, ingefära, salt, peppar, äggvita och allt utom 5 ml/1 tsk majsstärkelse. Lämna

Marinera i 2 timmar, rör om då och då. Blötlägg svampen i varmt vatten i 30 minuter och låt sedan rinna av. Kassera stjälkarna och hacka locken. Hetta upp oljan och stek fisken i några minuter tills den är gyllene. Ta bort från pannan. Tillsätt grönsakerna och stek tills de är mjuka men fortfarande knapriga. Tappa ur oljan. Blanda kycklingfonden med resterande majsstärkelse, lägg i grönsakerna och låt koka upp. Lägg tillbaka fisken i pannan, krydda med femkryddspulver och värm upp igen innan servering.

Ginger Cod med Pak Soi

för 4

450 g koljafilé

salt och peppar

225 g soja

30 ml/2 msk jordnötsolja (jordnötsolja)

1 skiva ingefära, hackad

1 lök, hackad

2 torkade röda chilipeppar

5 ml/1 tesked honung

10 ml/2 tsk tomatketchup (katsup)

10 ml/2 tsk maltvinäger

30 ml/2 msk torrt vitt vin

10 ml/2 tsk sojasås

10 ml/2 tsk fisksås

10ml/2 tsk ostronsås

5 ml/1 tsk räkpasta

Ta bort skinnet från koljan och skär sedan i 2 cm stora bitar. Strö över salt och peppar. Skär kålen i små bitar. Hetta upp oljan och fräs ingefära och lök i 1 minut. Tillsätt kål och chilipeppar och fräs i 30 sekunder. Tillsätt honung, tomat

Ketchup, vinäger och vin. Tillsätt torsken och koka i 2 minuter. Rör ner soja, fisk och ostronsås och räkpasta och låt puttra försiktigt tills torsken är mjuk.

Koljaflätor

för 4

450 g koljafilé, skinnfri

Salt-

5 ml/1 tsk Five Spice Powder

saft av 2 citroner

5 ml/1 tsk anis, mald

5 ml/1 tsk nymalen peppar

30ml/2 msk sojasås

30ml/2 msk ostronsås

15 ml/1 matsked honung

60 ml/4 msk hackad gräslök

8,10 bladspenat

45 ml/3 msk vinäger

Skär fisken i långa tunna strimlor och forma till flätor, strö över salt, femkryddpulver och citronsaft och lägg i en skål. Blanda anis, peppar, soja, ostronsås, honung och gräslök, häll över fisken och låt marinera i minst 30 minuter. Klä den ångande korgen med bladspenat, lägg flätorna på den, täck över och koka med vinäger i lätt kokande vatten i cirka 25 minuter.

Ångad fiskrulle

för 4

450 g koljafilé, skalad och tärnad

saft av 1 citron

30ml/2 msk sojasås

30ml/2 msk ostronsås

30ml/2 msk plommonsås

5 ml/1 tsk risvin eller torr sherry

salt och peppar

6 torkade kinesiska svampar

100 gram böngroddar

100 g gröna ärtor

50 g valnötter, hackade

1 ägg, uppvispat

30 ml/2 msk majsstärkelse (majsstärkelse)

225 g kinakål, blancherad

Lägg fisken i en skål. Blanda ihop citronsaft, soja, ostron och plommonsåser, vin eller sherry samt salt och peppar. Häll över fisken och låt marinera i 30 minuter. Tillsätt grönsakerna, nötterna, ägget och majsstärkelsen och blanda väl. Lägg 3 kinesiska blad ovanpå varandra, toppa med lite fiskblandning och rulla ihop. Fortsätt tills alla ingredienser är använda. Lägg bullarna i en ångkorg, täck över och koka över lätt kokande vatten i 30 minuter.

Hälleflundra med tomatsås

för 4
450 g hälleflundrafiléer
Salt-
15 ml/1 msk svartbönsås
1 vitlöksklyfta, krossad
2 vårlökar (salladslökar), hackade
2 skivor ingefära, hackad
15 ml/1 msk risvin eller torr sherry
15 ml/1 msk sojasås
200 g konserverade tomater, avrunna
30 ml/2 msk jordnötsolja (jordnötsolja)

Strö hälleflundran rikligt med salt och låt den vila i 1 timme. Skölj av saltet och klappa torrt. Lägg fisken i en ugnsform och toppa med svart bönsås, vitlök, vårlök, ingefära, vin eller sherry, sojasås och tomater. Ställ skålen på ett galler i ångkokaren, täck över och ånga över kokande vatten i 20 minuter tills fisken är klar. Hetta upp oljan tills den nästan ryker och strö över fisken innan servering.

Havsruda med broccoli

för 4

450 g braxen svans, skuren i tärningar

salt och peppar

45 ml/3 msk jordnötsolja (jordnötsolja)

50 g svamp, skuren i skivor

1 liten morot, skuren i strimlor

1 vitlöksklyfta, krossad

2 skivor ingefära, hackad

45 ml/3 msk vatten

275 g broccolibuktor

5ml/1 tsk socker

5 ml/1 tsk majsstärkelse (majsstärkelse)

45 ml/3 msk vatten

Krydda havet väl med salt och peppar. Hetta upp 30 ml/2 msk olja och fräs braxen, svamp, morötter, vitlök och ingefära lätt. Tillsätt vatten och fortsätt att sjuda utan lock på låg värme. Blanchera under tiden broccolin i kokande vatten tills den är mjuk och låt den rinna av väl. Hetta upp den återstående oljan och fräs broccolin och sockret med en nypa salt tills broccolin är väl täckt av oljan. Servera runt ett varmt fat serveringsfat. Blanda maizena och vatten till en pasta, rör ner i fisken och låt sjuda under konstant omrörning tills såsen tjocknar. Häll över broccolin och servera genast.

Mullet med tjock sojasås

för 4

1 multe

frityrolja

30 ml/2 msk jordnötsolja (jordnötsolja)

2 vårlökar (salladslökar), skivade

2 skivor ingefära, hackad

1 röd chilipeppar, hackad

250 ml / 8 fl oz / 1 kopp fiskfond

15 ml/1 matsked tjock sojasås

15 ml/1 matsked nymald äggvita

peppar

15 ml/1 msk risvin eller torr sherry

Skiva fisken och stek den diagonalt på varje sida. Hetta upp oljan och stek den halvkokta fisken. Ta bort från oljan och låt rinna av väl. Hetta upp oljan och fräs vårlöken, ingefäran och chilin i 1 minut. Tillsätt resten av ingredienserna, blanda väl och låt koka upp. Tillsätt fisken och låt puttra utan lock tills fisken är mjuk och vätskan nästan har avdunstat.

västerländsk havsfisk

för 4

1 multe

30 ml/2 msk jordnötsolja (jordnötsolja)

4 vårlökar (grön lök), riven

1 röd chilipeppar, hackad

4 skivor ingefära, hackad

45 ml/3 msk farinsocker

30ml/2 msk rödvinsvinäger

30 ml/2 msk vatten

30ml/2 msk sojasås

nymalen peppar

Rengör fisken, rengör och gör 2 eller 3 diagonala snitt på varje sida. Hetta upp oljan och fräs hälften av vårlöken, chilin och ingefäran i 30 sekunder. Lägg i fisken och stek tills den fått lite färg på båda sidor. Tillsätt socker, vinäger, vatten, soja och peppar, låt koka upp, täck och låt koka i cirka 20 minuter, tills fisken är klar och såsen reducerad. Servera garnerad med resterande vårlök.

Stekt flundra

för 4

4 flundrafiléer
Salta och nymalen peppar
30 ml/2 msk jordnötsolja (jordnötsolja)
1 skiva ingefära, hackad
1 vitlöksklyfta, krossad
salladsblad

Salta och peppra flundran rikligt. Hetta upp oljan och fräs ingefära och vitlök i 20 sekunder. Tillsätt fisken och stek tills den är genomstekt och gyllene. Låt rinna av väl och servera på en salladsbädd.

Ångad flundra med kinesiska svampar

för 4

4 torkade kinesiska svampar
450 g flundrafilé skuren i tärningar
1 vitlöksklyfta, krossad
1 skiva ingefära, hackad
15 ml/1 msk sojasås
15 ml/1 msk risvin eller torr sherry
5ml/1 tsk farinsocker
350 g kokt långkornigt ris

Blötlägg svampen i varmt vatten i 30 minuter och låt sedan rinna av. Kassera stjälkarna och hacka locken. Blanda flundra, vitlök, ingefära, sojasås, vin eller sherry och socker, täck över och låt marinera i 1 timme. Lägg riset i ångkokaren och lägg fisken ovanpå. Ånga i 30 minuter tills fisken är färdig.

Flundra med vitlök

för 4

350 g flundrafilé
Salt-
45 ml/3 msk majsstärkelse (majsstärkelse)
1 ägg, uppvispat
60 ml/4 msk jordnötsolja (jordnötsolja)
3 vitlöksklyftor, hackade
4 vårlökar (skivad lök).
15 ml/1 msk risvin eller torr sherry
5 ml/1 tsk sesamolja

Vi tar bort skinnet från flundran och skär det i remsor. Strö över salt och låt vila i 20 minuter. Pudra fisken med majsstärkelse och doppa sedan i ägget. Hetta upp oljan och stek fisknudlarna i cirka 4 minuter tills de är gyllenbruna. Ta ur pannan och låt rinna av på hushållspapper. Häll allt utom 5 ml/1 tsk olja ur pannan och tillsätt de återstående ingredienserna. Koka upp under konstant omrörning och koka sedan i 3 minuter. Häll över fisken och servera genast.

Flundra med ananassås

för 4

450 g flundrafilé

5 ml/1 tsk salt

30ml/2 msk sojasås

200 g konserverad ananas

2 ägg, vispade

100 g/4 oz/¬Ω kopp majsstärkelse (majsstärkelse)

frityrolja

30 ml/2 msk vatten

5 ml/1 tsk sesamolja

Skär flundran i strimlor och lägg i en skål. Ringla över salt, sojasås och 30 ml/2 msk ananasjuice och låt stå i 10 minuter. Vispa äggen med 45 ml/3 msk maizena till en smet och doppa fisken i smeten. Hetta upp oljan och stek fisken gyllene. Låt rinna av på kökspeppar. Häll resterande ananasjuice i en liten kastrull. Blanda 30 ml/2 msk majsstärkelse med vatten och rör ner i pannan. Koka upp och koka under konstant omrörning tills det tjocknat. Tillsätt hälften av ananasbitarna och värm upp igen. Precis innan servering, rör ner sesamoljan. Lägg den kokta fisken på en förvärmd del

Servera och garnera med den reserverade ananasen. Häll över den varma såsen och servera genast.

Lax med tofu

för 4

120 ml/4 fl oz/¬Ω kopp jordnötsolja (jordnötsolja)
450 g tofu, skuren i tärningar
2,5 ml/¬Ω tesked sesamolja
100 g laxfilé, skivad
En skvätt chilisås
250 ml / 8 fl oz / 1 kopp fiskfond
15 ml/1 matsked majsstärkelse (majsstärkelse)
45 ml/3 msk vatten
2 vårlökar (salladslökar), hackade

Hetta upp oljan och stek tofun tills den fått lite färg. Ta bort från pannan. Hetta upp oljan och sesamoljan och fräs laxen och chilisåsen i 1 minut. Tillsätt fonden, låt koka upp och häll tillbaka tofun i pannan. Sjud utan lock tills ingredienserna är kokta och vätskan reduceras. Blanda maizena och vatten till en pasta. Rör gradvis i och låt sjuda under konstant omrörning tills blandningen tjocknar. Du kanske inte behöver all majsstärkelsepastan om du minskar mängden vätska. Lägg på en värmd tallrik och strö över vårlök.

Stekt marinerad fisk

för 4

450 g skarpsill eller annan liten fisk, rensad
3 skivor ingefära, hackad
120 ml/4 fl oz/¬Ω kopp sojasås
15 ml/1 msk risvin eller torr sherry
1 stjärnanisnejlika
frityrolja
15 ml/1 msk sesamolja

Lägg fisken i en skål. Blanda ingefära, soja, vin eller sherry och anis, häll över fisken och låt stå i 1 timme, vänd då och då. Låt fisken rinna av, häll ut marinaden. Hetta upp oljan och stek fisken i omgångar tills den är knaprig och gyllene. Låt rinna av på hushållspapper och servera med sesamolja.

Öring med morötter

för 4

15 ml/1 matsked jordnötsolja (jordnötsolja)
1 vitlöksklyfta, krossad
1 skiva ingefära, hackad
4 öringar
2 morötter, skurna i strimlor
25 g bambuskott skurna i strimlor
25 g vattenkastanjer skurna i strimlor
15 ml/1 msk sojasås
15 ml/1 msk risvin eller torr sherry

Hetta upp oljan och fräs vitlök och ingefära tills de fått lite färg. Lägg i fisken, täck över och koka tills fisken är ogenomskinlig. Tillsätt morötter, bambuskott, kastanjer, sojasås och vin eller sherry, rör om försiktigt, täck över och koka i cirka 5 minuter.

Stekt öring

för 4

4 öringar, rensade och avskalade
2 ägg, vispade
50 g/2 oz/¬Ω kopp vanligt (all-purpose) mjöl
frityrolja
1 citron, skuren i klyftor

Skär fisken diagonalt flera gånger på varje sida. Doppa i de vispade äggen och vänd sedan ner mjölet så att det blir helt täckt. Skaka av överflödigt material. Hetta upp oljan och stek fisken tills den är genomstekt, cirka 10 till 15 minuter. Låt rinna av på hushållspapper och servera med citron.

Öring med citronsås

för 4

450 ml/¬æ pt/2 dl kycklingfond
5 cm/2 fyrkantig bit citronskal
150 ml/¬° pt/gratis ¬Ω kopp citronsaft
90 ml/6 msk farinsocker
2 skivor ingefärsrot, skuren i strimlor
30 ml/2 msk majsstärkelse (majsstärkelse)
4 öringar
375 g / 12 oz / 3 koppar vanligt (all-purpose) mjöl
175 ml/6 fl oz/¬æ kopp vatten
frityrolja
2 äggvitor
8 vårlökar, tunt skivade

Till såsen, blanda buljong, citronskal och saft, socker och 5 minuter. Ta av från värmen, sila och lägg tillbaka till pannan. Blanda majsstärkelsen med lite vatten och rör sedan ner i pannan. Koka i 5 minuter, rör om ofta. Ta av från spisen och håll såsen varm.

Klä fisken lätt på båda sidor i lite mjöl. Blanda det återstående mjölet med vatten och 10 ml/2 tsk olja tills det är slätt. Vispa äggvitorna hårt men inte torrt och blanda ner i degen. Hetta upp den återstående oljan. Doppa fisken i smeten så att den täcks helt. Koka fisken, vänd en gång, tills den är genomstekt och gyllene, cirka 10 minuter. Låt rinna av på hushållspapper. Lägg upp fisken på en förvärmd serveringsfat. Rör ner vårlöken i den varma såsen, häll över fisken och servera direkt.

kinesisk tonfisk

för 4

30 ml/2 msk jordnötsolja (jordnötsolja)
1 lök, hackad
200 g konserverad tonfisk, avrunnen och flingad
2 st selleri, hackade
100 g svamp, hackad
1 grön paprika, hackad
250 ml / 8 fl oz / 1 kopp buljong
30ml/2 msk sojasås
100 g fina äggnudlar
Salt-
15 ml/1 matsked majsstärkelse (majsstärkelse)
45 ml/3 msk vatten

Hetta upp oljan och fräs löken tills den är mjuk. Tillsätt tonfisken och rör tills den är väl täckt med olja. Tillsätt selleri, svamp och paprika och fräs i 2 minuter. Tillsätt fond och sojasås, låt koka upp, täck över och koka i 15 minuter. Koka under tiden pastan i kokande saltat vatten tills den är mjuk, ca

5 minuter, låt sedan rinna av väl och lägg i en förvärmd portion

Tallrik. Blanda majsmjöl och vatten, rör ner blandningen i tonfisksåsen och koka under konstant omrörning tills såsen försvinner och tjocknar.

Marinerade fiskbiffar

för 4

4 torsk- eller koljabiffar
2 vitlöksklyftor, krossade
2 skivor ingefära, krossad
3 ramslökar (salladslökar), hackade
15 ml/1 msk risvin eller torr sherry
15 ml/1 matsked vinäger
Salta och nymalen peppar
45 ml/3 msk jordnötsolja (jordnötsolja)

Lägg fisken i en skål. Blanda vitlök, ingefära, vårlök, vin eller sherry, vinäger, salt och peppar, häll över fisken, täck och låt marinera i flera timmar. Ta bort fisken från marinaden. Hetta upp oljan och stek fisken på båda sidor, ta sedan ur pannan. Tillsätt marinaden i pannan, låt koka upp, lägg sedan tillbaka fisken i pannan och koka försiktigt tills den är genomstekt.

Räkor med mandel

för 4

100 gram mandel
225 g stora oskalade räkor
2 skivor ingefära, hackad
15 ml/1 matsked majsstärkelse (majsstärkelse)
2,5 ml/¬Ω tesked salt
30 ml/2 msk jordnötsolja (jordnötsolja)
2 vitöksklyftor
2 st selleri, hackade
5ml/1 tsk sojasås
5 ml/1 tsk risvin eller torr sherry
30 ml/2 msk vatten

Rosta mandlarna i en torr panna tills de fått lite färg och ställ sedan åt sidan. Skala räkorna, låt svansen sitta kvar och halvera dem på längden mot svansen. Blanda med ingefära, majsstärkelse och salt. Hetta upp oljan och fräs vitlöken tills den fått lite färg, släng sedan vitlöken. Tillsätt selleri, sojasås, vin eller sherry och vatten i pannan och låt koka upp. Tillsätt räkorna och fräs tills de är kokta. Servera beströdd med rostad mandel.

anisräkor

för 4

45 ml/3 msk jordnötsolja (jordnötsolja)
15 ml/1 msk sojasås
5ml/1 tsk socker
120 ml/4 fl oz/¬Ω kopp fiskfond
En nypa mald anis
450 g skalade räkor

Hetta upp oljan, tillsätt sojasås, socker, fond och anis och koka upp. Tillsätt räkorna och koka i några minuter tills de är genomvärmda och smakrika.

Räkor med sparris

för 4

450 g sparris, skuren i bitar
45 ml/3 msk jordnötsolja (jordnötsolja)
2 skivor ingefära, hackad
15 ml/1 msk sojasås
15 ml/1 msk risvin eller torr sherry
5ml/1 tsk socker
2,5 ml/¬Ω tesked salt
225 g skalade räkor

Blanchera sparrisen i kokande vatten i 2 minuter och låt den rinna av väl. Hetta upp oljan och fräs ingefäran i några sekunder. Tillsätt sparris och blanda tills det är väl täckt med olja. Tillsätt sojasås, vin eller sherry, socker och salt och värm igenom. Tillsätt räkorna och rör på låg värme tills sparrisen är mjuk.

Räkor med bacon

för 4

450 g stora oskalade räkor

100 gram bacon

1 ägg, lätt uppvispat

2,5 ml/¬Ω tesked salt

15 ml/1 msk sojasås

50 g/2 oz/¬Ω kopp majsstärkelse (majsstärkelse)

frityrolja

Skala räkorna, lämna svansarna intakta. Skär mitt på längden till svansen. Skär baconet i små rutor. Tryck ut en bit bacon i mitten av varje räka och tryck ihop de två halvorna. Vispa äggen med salt och soja. Doppa räkorna i ägget och pudra dem sedan med majsstärkelse. Hetta upp oljan och stek räkorna tills de är knapriga och gyllene.

räkbollar

för 4

3 torkade kinesiska svampar
450 g räkor, finhackade
6 vattenkastanjer, finhackade
1 vårlök, finhackad
1 skiva ingefära, finhackad
Salta och nymalen peppar
2 ägg, vispade
15 ml/1 matsked majsstärkelse (majsstärkelse)
50 g/2 oz/¬Ω kopp vanligt (all-purpose) mjöl
Jordnötsolja (jordnöts) för stekning

Blötlägg svampen i varmt vatten i 30 minuter och låt sedan rinna av. Kassera stjälkarna och finhacka mössorna. Rör ner räkor, vattenkastanjer, vårlök och ingefära och smaka av med salt och peppar. Rör ner 1 ägg och 5 ml/1 tsk majsstärkelse och rulla till råga teskedsstora bollar.

Vispa ihop resterande ägg, majsstärkelse och mjöl och tillsätt tillräckligt med vatten för att göra en tjock, smidig deg. Rulla bollarna till

Grillade räkor

för 4

450 g stora skalade räkor

100 gram bacon

225 g kycklinglever, skuren i skivor

1 vitlöksklyfta, krossad

2 skivor ingefära, hackad

30 ml/2 msk socker

120 ml/4 fl oz/¬Ω kopp sojasås

Salta och nymalen peppar

Skär räkorna längs med baksidan utan att skära igenom dem och platta till dem något. Skär baconet i bitar och lägg i skålen med räkor och kycklinglever. Blanda ihop resterande ingredienser, häll över räkorna och låt vila i 30 minuter. Spett räkor, bacon och lever och grilla eller stek, vänd ofta, tills de är genomstekta, cirka 5 minuter, tråkla då och då med marinad.

Räkor med bambuskott

för 4

60 ml/4 msk jordnötsolja (jordnötsolja)
1 vitlöksklyfta, hackad
1 skiva ingefära, hackad
450 g skalade räkor
30 ml/2 msk risvin eller torr sherry
225 g bambuskott
30ml/2 msk sojasås
15 ml/1 matsked majsstärkelse (majsstärkelse)
45 ml/3 msk vatten

Hetta upp oljan och fräs vitlök och ingefära tills de fått lite färg. Tillsätt räkorna och fräs i 1 minut. Tillsätt vinet eller sherryn och blanda väl. Tillsätt bambuskotten och fräs i 5 minuter. Tillsätt resterande ingredienser och fräs i 2 minuter.

Räkor med böngroddar

för 4

4 torkade kinesiska svampar

30 ml/2 msk jordnötsolja (jordnötsolja)

1 vitlöksklyfta, krossad

225 g skalade räkor

15 ml/1 msk risvin eller torr sherry

450 g böngroddar

120 ml/4 fl oz/¬Ω kopp kycklingfond

15 ml/1 msk sojasås

15 ml/1 matsked majsstärkelse (majsstärkelse)

Salta och nymalen peppar

2 vårlökar, hackade

Blötlägg svampen i varmt vatten i 30 minuter och låt sedan rinna av. Kassera stjälkarna och hacka locken. Hetta upp oljan och fräs vitlöken tills den fått lite färg. Tillsätt räkorna och fräs i 1 minut. Tillsätt vinet eller sherryn och fräs i 1 minut. Rör ner svampen och böngroddarna. Blanda fond, soja och maizena och rör ner i pannan. Koka upp och koka sedan under omrörning tills såsen har försvunnit och tjocknat. Krydda med salt och peppar. Servera beströdd med vårlök.

Räkor med svartbönsås

för 4

30 ml/2 msk jordnötsolja (jordnötsolja)

5 ml/1 tsk salt

1 vitlöksklyfta, krossad

45 ml/3 msk svartbönsås

1 grön paprika, hackad

1 lök, hackad

120 ml/4 fl oz/¬Ω kopp fiskfond

5ml/1 tsk socker

15 ml/1 msk sojasås

225 g skalade räkor

15 ml/1 matsked majsstärkelse (majsstärkelse)

45 ml/3 msk vatten

Hetta upp oljan och fräs salt, vitlök och svartbönor i 2 minuter. Tillsätt paprika och lök och fräs i 2 minuter. Tillsätt fond, socker och soja och låt koka upp. Tillsätt räkorna och koka i 2 minuter. Blanda majsmjöl och vatten till en pasta, lägg i pannan och koka under konstant omrörning tills såsen är klar och tjock.

Räkor med selleri

för 4

45 ml/3 msk jordnötsolja (jordnötsolja)
3 skivor ingefära, hackad
450 g skalade räkor
5 ml/1 tsk salt
15 ml/1 matsked sherry
4 st selleri, hackade
100 g mandel, hackad

Hetta upp hälften av oljan och fräs ingefäran tills den fått lite färg. Tillsätt räkorna, salt och sherry och fräs tills de är väl belagda med olja, ta sedan bort från pannan. Hetta upp den återstående oljan och fräs sellerin och mandeln i några minuter tills sellerin är mjuk men fortfarande krispig. Lägg tillbaka räkorna i pannan, rör om väl och värm upp innan servering.

Stekta räkor med kyckling

för 4

30 ml/2 msk jordnötsolja (jordnötsolja)
2 vitlöksklyftor, krossade
225 g kokt kyckling skuren i tunna skivor
100 g bambuskott, skurna i skivor
100 g svamp, skuren i skivor
75 ml/5 msk fiskfond
225 g skalade räkor
225 g sockerärter (snöärter)
15 ml/1 matsked majsstärkelse (majsstärkelse)
45 ml/3 msk vatten

Hetta upp oljan och fräs vitlöken tills den fått lite färg. Tillsätt kycklingen, bambuskotten och svampen och fräs tills de är väl täckta med olja. Häll i buljongen och låt koka upp. Tillsätt räkorna och sockerärtorna, täck över och koka i 5 minuter. Blanda maizena och vatten till en pasta, lägg i pannan och koka under konstant omrörning tills såsen är klar och tjocknat. Servera omedelbart.

Chiliräkor

för 4

450 g skalade räkor
1 äggvita
10 ml/2 tsk majsstärkelse (majsstärkelse)
5 ml/1 tsk salt
60 ml/4 msk jordnötsolja (jordnötsolja)
25 g torkad röd chilipeppar, hackad
1 vitlöksklyfta, krossad
5 ml/1 tsk nymalen peppar
15 ml/1 msk sojasås
5 ml/1 tsk risvin eller torr sherry
2,5 ml/¬Ω tesked socker
2,5 ml/¬Ω tesked vinäger
2,5 ml/¬Ω tesked sesamolja

Lägg räkorna i en skål med äggvita, majsstärkelse och salt och låt marinera i 30 minuter. Hetta upp oljan och fräs chili, vitlök och paprika i 1 minut. Tillsätt räkorna och resten av ingredienserna och fräs i några minuter tills räkorna är genomvärmda och ingredienserna väl blandade.

Räkkotlett Suey

för 4

60 ml/4 msk jordnötsolja (jordnötsolja)

2 vårlökar (salladslökar), hackade

2 vitlöksklyftor, krossade

1 skiva ingefära, hackad

225 g skalade räkor

100 g frysta ärtor

100 g svamp, halverad

30ml/2 msk sojasås

15 ml/1 msk risvin eller torr sherry

5ml/1 tsk socker

5 ml/1 tsk salt

15 ml/1 matsked majsstärkelse (majsstärkelse)

Hetta upp 45 ml/3 msk olja och fräs vårlöken, vitlöken och ingefäran lätt. Tillsätt räkorna och fräs i 1 minut. Ta bort från pannan. Hetta upp den återstående oljan och fräs ärtorna och svampen i 3 minuter. Tillsätt räkorna, sojasås, vin eller sherry, socker och salt och fräs i 2 minuter. Blanda majsmjölet med lite vatten, rör ner i pannan och låt sjuda under konstant omrörning tills såsen är klar och tjock.

Räka Chow Mein

för 4

450 g skalade räkor
15 ml/1 matsked majsstärkelse (majsstärkelse)
15 ml/1 msk sojasås
15 ml/1 msk risvin eller torr sherry
4 torkade kinesiska svampar
30 ml/2 msk jordnötsolja (jordnötsolja)
5 ml/1 tsk salt
1 skiva ingefära, hackad
100 g kinakål, skuren i skivor
100 g bambuskott, skurna i skivor
Mjukstekta nudlar

Kasta räkor med majsstärkelse, sojasås och vin eller sherry och låt stå och rör om då och då. Blötlägg svampen i varmt vatten i 30 minuter och låt sedan rinna av. Kassera stjälkarna och hacka locken. Hetta upp oljan och fräs salt och ingefära i 1 minut. Tillsätt kål och bambuskott och rör om tills de är täckta med olja. Täck över och låt sjuda i 2 minuter. Rör ner räkor och marinad och koka i 3 minuter. Rör ner den avrunna pastan och värm upp innan servering.

Räkor med zucchini och litchi

för 4

12 kungsräkor
salt och peppar
10 ml/2 tsk sojasås
10 ml/2 tsk majsstärkelse (majsstärkelse)
15 ml/1 matsked jordnötsolja (jordnötsolja)
4 vitlöksklyftor, krossade
2 röda chilipeppar, hackade
225 g zucchini (zucchini), tärnad
2 vårlökar (salladslökar), hackade
12 litchi, urkärnade
120 ml/4 fl oz/¬Ω kopp kokosnötsgrädde
10 ml/2 tsk milt currypulver
5ml/1 tsk fisksås

Skala räkorna och lämna svansen. Strö över salt, peppar och sojasås och strö över majsstärkelse. Hetta upp oljan och fräs vitlök, chili och räkor i 1 minut. Tillsätt zucchini, vårlök och litchi och fräs i 1 minut. Ta bort från pannan. Häll kokosgrädden i pannan, låt koka upp och koka i 2 minuter. Rör ner curryn

pulver och fisksås och smaka av med salt och peppar. Lägg tillbaka räkorna och grönsakerna i såsen för att värma upp innan servering.

Räkor med krabbor

för 4

45 ml/3 msk jordnötsolja (jordnötsolja)

3 ramslökar (salladslökar), hackade

1 skivad ingefära rot, hackad

225 g krabbkött

15 ml/1 msk risvin eller torr sherry

30 ml/2 msk kyckling- eller fiskfond

15 ml/1 msk sojasås

5ml/1 tsk farinsocker

5 ml/1 tesked vinäger

nymalen peppar

10 ml/2 tsk majsstärkelse (majsstärkelse)

225 g skalade räkor

Hetta upp 30 ml/2 msk olja och fräs vårlöken och ingefäran tills de fått lite färg. Tillsätt krabbköttet och stek i 2 minuter. Tillsätt vin eller sherry, fond, sojasås, socker och vinäger och smaka av med peppar. Stek i 3 minuter. Blanda majsstärkelsen med lite vatten och rör ner i såsen. Sjud under konstant omrörning tills såsen tjocknar. Värm under tiden upp resterande olja i en separat panna och stek räkorna i den en stund

minuter tills den är varm. Ordna räkblandningen på en förvärmd serveringsfat och lägg räkorna ovanpå.

Räkor med gurka

för 4

225 g skalade räkor
Salta och nymalen peppar
15 ml/1 matsked majsstärkelse (majsstärkelse)
1 gurka
45 ml/3 msk jordnötsolja (jordnötsolja)
2 vitlöksklyftor, krossade
1 lök, finhackad
15 ml/1 msk risvin eller torr sherry
2 skivor ingefära, hackad

Salta, peppra och blanda räkorna med majsstärkelse. Skala och ta bort kärnorna från gurkan och skär i tjockare skivor. Hetta upp hälften av oljan och fräs vitlöken och löken tills de fått lite färg. Tillsätt räkorna och sherryn och fräs i 2 minuter, ta sedan bort ingredienserna från pannan. Hetta upp den återstående oljan och fräs ingefäran i 1 minut. Tillsätt gurkan och fräs i 2 minuter. Häll tillbaka räkblandningen i pannan och koka väl tills den är väl blandad och genomvärmd.

Räkcurry

för 4

45 ml/3 msk jordnötsolja (jordnötsolja)
4 salladslökar (lökar), skivade
30 ml/2 matskedar currypulver
2,5 ml/¬Ω tesked salt
120 ml/4 fl oz/¬Ω kopp kycklingfond
450 g skalade räkor

Hetta upp oljan och fräs vårlöken på den i 30 sekunder. Tillsätt curry och salt och fräs i 1 minut. Häll i buljongen, låt koka upp och koka i 2 minuter under konstant omrörning. Tillsätt räkorna och värm upp något.

Räksvamp curry

för 4

5ml/1 tsk sojasås

5 ml/1 tsk risvin eller torr sherry

225 g skalade räkor

30 ml/2 msk jordnötsolja (jordnötsolja)

2 vitlöksklyftor, krossade

1 skiva ingefära, finhackad

1 lök, skuren i klyftor

100 gram svamp

100 g färska eller frysta ärtor

15 ml/1 matsked curry

15 ml/1 matsked majsstärkelse (majsstärkelse)

150 ml/¬° pt/stor ¬Ω kopp kycklingfond

Blanda soja, vin eller sherry och räkor. Hetta upp olja med vitlök och ingefära och fräs tills de fått lite färg. Tillsätt lök, svamp och ärter och fräs i 2 minuter. Tillsätt curry och maizena och fräs i 2 minuter. Rör gradvis i buljongen, låt koka upp, täck över och koka i 5 minuter, rör om då och då. Tillsätt räkor och marinad, täck över och koka i 2 minuter.

Friterad räka

för 4

450 g skalade räkor

30 ml/2 msk risvin eller torr sherry

5 ml/1 tsk salt

frityrolja

Soja sås

Tillsätt räkorna i vinet eller sherryn och strö över salt. Låt sitta i 15 minuter, låt sedan rinna av och torka. Hetta upp oljan och stek räkorna i några sekunder tills de är knapriga. Servera beströdd med sojasås.

Stekta räkor i smet

för 4

50 g/2 oz/¬Ω kopp vanligt (all-purpose) mjöl

2,5 ml/¬Ω tesked salt

1 ägg, lätt uppvispat

30 ml/2 msk vatten

450 g skalade räkor

frityrolja

Vispa mjöl, salt, ägg och vatten till en deg, tillsätt eventuellt lite mer vatten. Blanda med räkor tills de är väl täckta. Hetta upp oljan och stek räkorna i några minuter tills de är krispiga och gyllenbruna.

Räkdumplings med tomatsås

för 4

900 g skalade räkor

450 g hackad (malen) torsk

4 ägg, vispade

50 g/2 oz/¬Ω kopp majsstärkelse (majsstärkelse)

2 vitlöksklyftor, krossade

30ml/2 msk sojasås

15 ml/1 tsk socker

15 ml/1 matsked jordnötsolja (jordnötsolja)

Till såsen:

30 ml/2 msk jordnötsolja (jordnötsolja)

100 g salladslök (grön lök), hackad

100 g svamp, hackad

100 g skinka, skivad

2 st selleri, hackade

200 g tomater, skalade och hackade

300 ml/¬Ω pt/1¬° koppar vatten

Salta och nymalen peppar

15 ml/1 matsked majsstärkelse (majsstärkelse)

Finhacka räkorna och blanda med torsken. Blanda i ägg, majsstärkelse, vitlök, sojasås, socker och olja. Koka upp en stor kastrull med vatten och tillsätt en matsked av blandningen i grytan. Koka upp igen och koka i några minuter tills dumplingsna flyter upp till ytan. Dränera väl. Hetta upp oljan till såsen och fräs vårlöken tills den är mjuk men inte brun. Tillsätt svampen och stek i 1 minut, tillsätt sedan skinka, selleri och tomater och stek i 1 minut. Tillsätt vatten, låt koka upp och smaka av med salt och peppar. Täck över och låt sjuda i 10 minuter, rör om då och då. Blanda majsstärkelsen med lite vatten och rör ner i såsen. Koka i några minuter under konstant omrörning tills såsen har rinnit och tjocknat.

Räkor och äggkopp

för 4

15 ml/1 msk sesamolja
8 skalade kungsräkor
1 röd chilipeppar, hackad
2 vårlökar (salladslökar), hackade
30 ml/2 msk hackade pilgrimsmusslor (valfritt)
8 ägg
15 ml/1 msk sojasås
Salta och nymalen peppar
några kvistar plattbladig persilja

Smörj 8 kassler med sesamolja. Tillsätt räkorna i varje rätt med lite chili, vårlök och musslor om du använder dem. Knäck ett ägg i varje skål och smaka av med sojasås, salt och peppar. Lägg ramekins på en ugnsplåt och grädda i en förvärmd ugn vid 200°C/400°F/Gas Mark 6 i ca 6. Överför försiktigt till en förvärmd serveringsplatta och garnera med persilja.

Räkäggrullar

för 4

225 g böngroddar

30 ml/2 msk jordnötsolja (jordnötsolja)

4 st selleri, hackade

100 g svamp, hackad

225 g skalade räkor, hackade

15 ml/1 msk risvin eller torr sherry

2,5 ml/¬Ω tesked majsstärkelse (majsstärkelse)

2,5 ml/¬Ω tesked salt

2,5 ml/¬Ω tesked socker

12 lädervårrullar

1 ägg, uppvispat

frityrolja

Blanchera böngroddarna i kokande vatten i 2 minuter och låt dem rinna av. Hetta upp oljan och fräs sellerin i den i 1 minut. Tillsätt svampen och fräs i 1 minut. Tillsätt räkor, vin eller sherry, majsstärkelse, salt och socker och koka under omrörning i 2 minuter. Vi låter det svalna.

Lägg lite fyllning i mitten av varje skinn och pensla kanterna med uppvispat ägg. Vik och rulla isär kanterna och försegla kanterna med ett ägg. Hetta upp oljan och stek tills den är gyllenbrun.

Räkor i stil med Fjärran Östern

för 4

16.20 skalade kungsräkor

saft av 1 citron

120 ml/4 fl oz/¬Ω kopp torrt vitt vin

30ml/2 msk sojasås

30 ml/2 msk honung

15 ml/1 matsked rivet citronskal

salt och peppar

45 ml/3 msk jordnötsolja (jordnötsolja)

1 vitlöksklyfta, hackad

6 salladslökar (lökar), skurna i strimlor

2 morötter, skurna i strimlor

5 ml/1 tsk Five Spice Powder

5 ml/1 tsk majsstärkelse (majsstärkelse)

Kasta räkorna med citronsaft, vin, sojasås, honung och citronskal och smaka av med salt och peppar. Täck och marinera i 1 timme. Hetta upp oljan och fräs vitlöken tills den fått lite färg. Tillsätt grönsakerna och fräs tills de är mjuka men fortfarande knapriga. Låt räkorna rinna av, lägg i pannan och stek i 2 minuter. Börda

marinad och blanda den med fem kryddor och majsstärkelse. Häll i woken, blanda väl och låt koka upp.

Foo Yung Räkor

för 4

6 ägg, vispade
45 ml/3 msk majsstärkelse (majsstärkelse)
225 g skalade räkor
100 g svamp, skuren i skivor
5 ml/1 tsk salt
2 vårlökar (salladslökar), hackade
45 ml/3 msk jordnötsolja (jordnötsolja)

Vispa upp äggen och vispa sedan i majsstärkelsen. Tillsätt alla övriga ingredienser utom oljan. Hetta upp oljan och häll gradvis blandningen i pannan till biffar ca 7,5 cm i diameter. Stek tills botten är gyllenbrun, vänd sedan och stek andra sidan.

Räkfrites

för 4

12 stora okokta räkor
1 ägg, uppvispat
30 ml/2 msk majsstärkelse (majsstärkelse)
nypa salt
en nypa peppar
3 skivor bröd
1 hårdkokt (kokt) äggula, hackad
25 g kokt skinka, skivad
1 vårlök (salladslök), hackad
frityrolja

Ta bort skalen och bakvenen från räkorna, lämna svansarna intakta. Skär baksidan av räkorna med en vass kniv och platta till något. Vispa ägg, majsstärkelse, salt och peppar. Kasta räkorna i blandningen tills de är helt täckta. Ta bort skorpor från bröd och kvarta. Lägg räkor med snittsidan nedåt på varje bit och tryck ner. Pensla varje räka med lite av äggblandningen och strö över äggula, skinka och vårlök. Hetta upp oljan och stek räkbrödsbitarna i omgångar tills de är gyllenbruna. Låt rinna av på hushållspapper och servera varm.

Stekta räkor i sås

för 4

75 g/3 oz/bulk kopp majsstärkelse (majsstärkelse)

¬Ω ägg, vispade

5 ml/1 tsk risvin eller torr sherry

Salt-

450 g skalade räkor

45 ml/3 msk jordnötsolja (jordnötsolja)

5 ml/1 tsk sesamolja

1 vitlöksklyfta, krossad

1 skiva ingefära, hackad

3 vårlökar (salladslökar), skivade

15 ml/1 msk fiskfond

5 ml/1 tesked vinäger

5ml/1 tsk socker

Blanda majsmjöl, ägg, vin eller sherry och en nypa salt till smeten. Doppa räkorna i smeten så att de blir lätt belagda. Hetta upp oljan och stek räkorna tills de är knapriga på utsidan. Ta bort dem från pannan och rinna av oljan. Hetta upp räkor, vitlök, ingefära och sesamolja i en panna

Vårlök och fräs i 3 minuter. Rör i fond, vinäger och socker, blanda väl och värm upp innan servering.

Pocherade räkor med skinka och tofu

för 4

30 ml/2 msk jordnötsolja (jordnötsolja)
225 g tofu, skuren i tärningar
600 ml/1 pt/2Ω koppar kycklingfond
100 g rökt skinka, skuren i tärningar
225 g skalade räkor

Hetta upp oljan och stek tofun tills den fått lite färg. Ta bort från pannan och låt rinna av. Hetta upp fonden, tillsätt tofun och skinka och koka försiktigt i cirka 10 minuter, tills tofun är kokt. Tillsätt räkorna och koka i ytterligare 5 minuter tills de är genomvärmda. Servera i djupa skålar.

Kryddigt stuvat fläsk

för 4

450 g fläsk, skuren i tärningar

salt och peppar

30ml/2 msk sojasås

30ml/2 msk hoisinsås

45 ml/3 msk jordnötsolja (jordnötsolja)

120 ml/4 fl oz/½ kopp risvin eller torr sherry

300 ml/½ pt/1¼ kopp kycklingfond

5 ml/1 tsk Five Spice Powder

6 vårlökar (salladslökar), hackade

225 g ostronsvamp, skuren i skivor

15 ml/1 matsked majsstärkelse (majsstärkelse)

Krydda köttet med salt och peppar. Lägg i en skål och blanda med soja och hoisinsås. Täck över och låt marinera i 1 timme. Hetta upp oljan och stek köttet gyllene under konstant omrörning. Tillsätt vinet eller sherryen, buljongen och pulvret med fem kryddor, koka upp, täck över och koka i 1 timme. Tillsätt salladslöken och svampen, ta av locket och koka i ytterligare 4 minuter. Blanda majsmjölet med lite vatten, koka upp igen och koka under konstant omrörning i 3 minuter tills såsen tjocknar.

Ångkokta fläskbullar

makt 12

30ml/2 msk hoisinsås

15 ml/1 msk ostronsås

15 ml/1 msk sojasås

2,5 ml/½ tsk sesamolja

30 ml/2 msk jordnötsolja (jordnötsolja)

10 ml/2 tsk riven ingefärarot

1 vitlöksklyfta, krossad

300 ml/½ pt/1¼ kopp vatten

15 ml/1 matsked majsstärkelse (majsstärkelse)

225 g kokt fläsk, finhackat

4 vårlökar (salladslökar), fint hackade

350 g / 12 oz / 3 koppar vanligt (all-purpose) mjöl

15 ml/1 tsk bakpulver

2,5 ml/½ tsk salt

50 g / 2 oz / ½ kopp ister

5 ml/1 tesked vinäger

12 x 13 cm / 5 bakplåtspappersrutor

Blanda hoisin, ostron och sojasås och sesamolja. Hetta upp oljan och fräs ingefära och vitlök tills de fått lite färg. Tillsätt såsblandningen och stek i 2 minuter. Blanda 120 ml/4 fl oz/½ kopp vatten med majsstärkelsen och rör ner i pannan. Koka upp under konstant omrörning och koka sedan tills blandningen tjocknar. Rör ner fläsket och löken och låt svalna.

Blanda mjöl, bakpulver och salt. Gnid in ister tills blandningen liknar fina ströbröd. Blanda vinägern och resten av vattnet och blanda med mjölet till en hård deg. Knåda lätt på en mjölad arbetsyta, täck sedan över och låt vila i 20 minuter.

Knåda degen igen, dela den i 12 delar och forma var och en till en boll. Kavla ut till en 15 cm cirkel på en mjölad arbetsyta. Lägg en sked av fyllningen i mitten av varje varv, pensla kanterna med vatten och nyp ihop kanterna för att täta fyllningen. Pensla ena sidan av varje bakplåtspappersruta med olja. Lägg varje bulle, med sömsidan nedåt, på en fyrkant av papper. Lägg bullarna i ett enda lager på ett ånggaller över kokande vatten. Täck bullarna och låt dem ånga tills de är klara, ca 20 minuter.

Fläsk med kål

för 4

6 torkade kinesiska svampar

30 ml/2 msk jordnötsolja (jordnötsolja)

450 g fläsk, skuren i strimlor

2 lökar, skivade

2 röda paprikor, skurna i strimlor

350 g vitkål, hackad

2 vitlöksklyftor, hackade

2 bitar ingefära stjälk, hackad

30 ml/2 msk honung

45 ml/3 msk sojasås

120 ml/4 fl oz/½ kopp torrt vitt vin

salt och peppar

10 ml/2 tsk majsstärkelse (majsstärkelse)

15 ml/1 matsked vatten

Blötlägg svampen i varmt vatten i 30 minuter och låt sedan rinna av. Kassera stjälkarna och hacka locken. Hetta upp oljan och stek fläsket tills det fått lite färg. Tillsätt grönsakerna, vitlöken och ingefäran och fräs i 1 minut. Tillsätt honung, soja och vin, låt koka upp, täck över och koka i 40 minuter tills köttet är mört. Krydda med salt och peppar. Blanda maizena och vatten och rör ner i pannan. Koka upp kort under konstant omrörning och koka sedan i 1 minut.

Fläsk med kål och tomater

för 4

30 ml/2 msk jordnötsolja (jordnötsolja)
450 g magert fläsk, skuren i strimlor
Salta och nymalen peppar
1 vitlöksklyfta, krossad
1 lök, finhackad
½ kål, hackad
450 g tomater, skalade och i fjärdedelar
250 ml / 8 fl oz / 1 kopp buljong
30 ml/2 msk majsstärkelse (majsstärkelse)
15 ml/1 msk sojasås
60 ml/4 msk vatten

Hetta upp oljan och fräs fläsket lätt, salt, peppar, vitlök och lök. Tillsätt kål, tomater och fond, låt koka upp, täck över och koka i 10 minuter tills kålen är mjuk. Blanda maizena, soja och vatten till en pasta, lägg i pannan och koka under konstant omrörning tills såsen är klar och tjock.

Marinerat fläsk med kål

för 4

350 g fläsk

2 vårlökar (salladslökar), hackade

1 skiva ingefära, hackad

1 st kanel

3 stjärnanis nejlikor

45 ml/3 msk farinsocker

600 ml/1 pt/2½ kopp vatten

15 ml/1 matsked jordnötsolja (jordnötsolja)

15 ml/1 msk sojasås

5 ml/1 tsk tomatpuré (pasta)

5 ml/1 tsk ostronsås

100 g kinakålshjärtan

100 g pak choi

Skär fläsket i 10 cm bitar och lägg i en skål. Tillsätt vårlök, ingefära, kanel, stjärnanis, socker och vatten och låt stå i 40 minuter. Hetta upp oljan, ta bort fläsket från marinaden och lägg i pannan. Stek tills de fått lite färg, tillsätt sedan soja, tomatpuré och ostronsås. Koka upp och koka tills fläsket är mört och reducerat, cirka 30 minuter. Tillsätt eventuellt lite mer vatten under tillagningen.

Blanchera under tiden kålhjärtan och sedan choi i kokande vatten tills de är mjuka, cirka 10 minuter. Lägg på en uppvärmd tallrik, täck med fläsk och täck med sås.

Fläsk med selleri

för 4

45 ml/3 msk jordnötsolja (jordnötsolja)
1 vitlöksklyfta, krossad
1 vårlök (salladslök), hackad
1 skiva ingefära, hackad
225 g magert fläsk, skuren i strimlor
100 g selleri, tunt skivad
45 ml/3 msk sojasås
15 ml/1 msk risvin eller torr sherry
5 ml/1 tsk majsstärkelse (majsstärkelse)

Hetta upp oljan och fräs vitlök, vårlök och ingefära tills de fått lite färg. Tillsätt fläsket och fräs i 10 minuter tills det är gyllene. Tillsätt sellerin och fräs i 3 minuter. Tillsätt resten av ingredienserna och fräs i 3 minuter.

Fläsk med kastanjer och svamp

för 4

4 torkade kinesiska svampar
100 g / 4 oz / 1 kopp kastanjer
30 ml/2 msk jordnötsolja (jordnötsolja)
2,5 ml/½ tsk salt
450 g magert fläsk, skuren i tärningar
15 ml/1 msk sojasås
375 ml / 13 fl oz / 1½ dl kycklingfond
100 g vattenkastanjer, skurna i skivor

Blötlägg svampen i varmt vatten i 30 minuter och låt sedan rinna av. Kassera stjälkarna och skär kapsylerna på mitten. Blanchera kastanjerna i kokande vatten i 1 minut och låt rinna av. Hetta upp olja och salt och stek fläsket tills det får färg. Tillsätt sojasås och fräs i 1 minut. Häll i buljongen och låt koka upp. Tillsätt kastanjerna och vattenkastanjerna, låt koka upp igen, täck över och koka i ca 1½ timme tills köttet är mört.

Fläskkotlett suey

för 4

100 g bambuskott skurna i strimlor

100 g vattenkastanjer, tunt skivade

60 ml/4 msk jordnötsolja (jordnötsolja)

3 ramslökar (salladslökar), hackade

2 vitlöksklyftor, krossade

1 skiva ingefära, hackad

225 g magert fläsk, skuren i strimlor

45 ml/3 msk sojasås

15 ml/1 msk risvin eller torr sherry

5 ml/1 tsk salt

5ml/1 tsk socker

nymalen peppar

15 ml/1 matsked majsstärkelse (majsstärkelse)

Blanchera bambuskott och vattenkastanjer i kokande vatten i 2 minuter, låt rinna av och torka. Hetta upp 45 ml/3 msk olja och fräs vårlöken, vitlöken och ingefäran lätt. Tillsätt fläsket och fräs i 4 minuter. Ta bort från pannan.

Hetta upp resterande olja och stek grönsakerna i 3 minuter. Tillsätt fläsk, soja, vin eller sherry, salt, socker och en nypa peppar och fräs i 4 minuter. Blanda majsmjölet med lite vatten, rör ner i pannan och låt sjuda under konstant omrörning tills såsen är klar och tjock.

Fläsk Mein

för 4

4 torkade kinesiska svampar

30 ml/2 msk jordnötsolja (jordnötsolja)

2,5 ml/½ tsk salt

4 vårlökar (skivad lök).

225 g magert fläsk, skuren i strimlor

15 ml/1 msk sojasås

5ml/1 tsk socker

3 st selleri, hackade

1 lök, skuren i klyftor

100 g svamp, halverad

120 ml / 4 fl oz / ½ kopp kycklingfond

mjukstekta nudlar

Blötlägg svampen i varmt vatten i 30 minuter och låt sedan rinna av. Kassera stjälkarna och hacka locken. Hetta upp olja och salt och fräs vårlöken tills den är mjuk. Tillsätt fläsket och stek lätt tills det får färg. Kombinera sojasås, socker, selleri, lök och färsk och torkad svamp och fräs tills de är väl blandade, cirka 4 minuter. Tillsätt buljongen och låt sjuda i 3 minuter. Tillsätt hälften av nudlarna i pannan och blanda försiktigt, tillsätt sedan de återstående nudlarna och rör tills de är varma.

Helstekt fläsk Mein

för 4

100 gram böngroddar
45 ml/3 msk jordnötsolja (jordnötsolja)
100 g kinakål, hackad
225 g helstekt fläsk, skuren i skivor
5 ml/1 tsk salt
15 ml/1 msk risvin eller torr sherry

Blanchera böngroddarna i kokande vatten i 4 minuter och låt dem rinna av. Hetta upp oljan och fräs böngroddar och vitkål tills de är mjuka. Tillsätt fläsk, salt och sherry och fräs tills det är varmt. Tillsätt hälften av den avrunna pastan i pannan och rör om försiktigt tills den är genomvärmd. Tillsätt resten av pastan och rör om tills den är genomvärmd.

Fläsk med chutney

för 4

5 ml/1 tsk Five Spice Powder
5 ml/1 tsk curry
450 g fläsk, skuren i strimlor
30 ml/2 msk jordnötsolja (jordnötsolja)
6 salladslökar (lökar), skurna i strimlor
1 stav selleri, skuren i strimlor
100 gram böngroddar
1 x 200 g burk kinesisk sötgurka, skuren i tärningar
45 ml/3 msk mangochutney
30ml/2 msk sojasås
30 ml/2 msk tomatpuré (pasta)
150 ml / ¼ pt / generös ½ kopp kycklingfond
10 ml/2 tsk majsstärkelse (majsstärkelse)

Gnid in kryddorna väl i fläsket. Hetta upp oljan och stek köttet i den i 8 minuter eller tills det är genomstekt. Ta bort från pannan. Tillsätt grönsakerna i pannan och stek i 5 minuter. Lägg tillbaka fläsket i pannan med alla övriga ingredienser utom majsstärkelse. Rör om tills den är genomvärmd. Blanda majsmjölet med lite vatten, blanda ner det i pannan och låt sjuda under konstant omrörning tills såsen tjocknar.

Fläsk med gurka

för 4

225 g magert fläsk, skuren i strimlor
30 ml/2 matskedar vanligt (all-purpose) mjöl
Salta och nymalen peppar
60 ml/4 msk jordnötsolja (jordnötsolja)
225 g gurka, skalad och skivad
30ml/2 msk sojasås

Lägg fläsket i mjöl och smaka av med salt och peppar. Hetta upp oljan och stek fläsket tills det är mört, ca 5 minuter. Tillsätt gurkan och sojan och fräs ytterligare 4 minuter. Kontrollera och justera smaksättning och servera med stekt ris.

Krispiga fläskpaket

för 4

4 torkade kinesiska svampar

30 ml/2 msk jordnötsolja (jordnötsolja)

225 g fläskbiff, hackad (hackad)

50 g skalade räkor, hackade

15 ml/1 msk sojasås

15 ml/1 matsked majsstärkelse (majsstärkelse)

30 ml/2 msk vatten

8 paket för vårrullar

100 g / 4 oz / 1 kopp majsstärkelse (majsstärkelse)

frityrolja

Blötlägg svampen i varmt vatten i 30 minuter och låt sedan rinna av. Kassera stjälkarna och finhacka mössorna. Hetta upp oljan och stek svamp, fläsk, räkor och soja i 2 minuter. Blanda majsmjöl och vatten till en pasta och vänd ner i blandningen för att göra fyllningen.

Skär omslagen i strimlor, lägg lite fyllning på varje och rulla dem till trekanter, grädda dem med lite mjöl och vattenblandning. Strö rikligt med majsstärkelse. Hetta upp oljan och stek trianglarna tills de är knapriga och gyllene. Låt rinna av väl före servering.

Fläskäggrullar

för 4

225 g magert fläsk, hackat
1 skiva ingefära, hackad
1 vårlök, hackad
15 ml/1 msk sojasås
15 ml/1 matsked vatten
12 lädervårrullar
1 ägg, uppvispat
frityrolja

Blanda fläsk, ingefära, lök, soja och vatten. Lägg lite fyllning i mitten av varje skinn och pensla kanterna med uppvispat ägg. Vik sidorna och rulla isär rullen och försegla kanterna med ett ägg. Ångkoka på grillen i 30 minuter tills fläsket är mört. Hetta upp oljan och stek i några minuter tills den är knaprig och gyllene.

Äggrullar med fläsk och räkor

för 4

30 ml/2 msk jordnötsolja (jordnötsolja)
225 g magert fläsk, hackat
6 vårlökar (salladslökar), hackade
225 g böngroddar
100 g skalade räkor, hackade
15 ml/1 msk sojasås
2,5 ml/½ tsk salt
12 lädervårrullar
1 ägg, uppvispat
frityrolja

Hetta upp oljan och fräs fläsket och vårlöken tills de fått lite färg. Blanchera under tiden böngroddar i kokande vatten i 2 minuter och låt rinna av. Lägg böngroddarna i pannan och stek i 1 minut. Tillsätt räkor, soja och salt och fräs i 2 minuter. Vi låter det svalna.

Lägg lite fyllning i mitten av varje skinn och pensla kanterna med uppvispat ägg. Vik sidorna, rulla ihop vårrullarna och försegla kanterna med ägg. Hetta upp oljan och stek vårrullarna tills de är knapriga och gyllene.

Stuvat fläsk med ägg

för 4

450 g magert fläsk

30 ml/2 msk jordnötsolja (jordnötsolja)

1 lök, hackad

90ml/6 msk sojasås

45 ml/3 msk risvin eller torr sherry

15 ml/1 msk farinsocker

3 hårdkokta ägg (hårdkokta).

Koka upp en kastrull med vatten, tillsätt fläsket, koka upp igen och koka tills det är tätt. Ta bort från pannan, låt rinna av och skär sedan i tärningar. Hetta upp oljan och fräs löken tills den är mjuk. Tillsätt fläsket och stek lätt tills det får färg. Rör ner sojasås, vin eller sherry och socker, täck och låt sjuda i 30 minuter, rör om då och då. Knäck äggen lätt, lägg i pannan, täck över och koka i ytterligare 30 minuter.

Eldrig fläsk

för 4

450 g fläskkotlett skuren i strimlor
30ml/2 msk sojasås
30ml/2 msk hoisinsås
5 ml/1 tsk Five Spice Powder
15 ml/1 tsk peppar
15 ml/1 msk farinsocker
15 ml/1 msk sesamolja
30 ml/2 msk jordnötsolja (jordnötsolja)
6 vårlökar (salladslökar), hackade
1 grön paprika, skuren i bitar
200 g böngroddar
2 ananasskivor, tärnade
45 ml/3 msk tomatketchup (katsup)
150 ml / ¼ pt / generös ½ kopp kycklingfond

Lägg köttet i en skål. Blanda soja, hoisinsås, femkryddspulver, peppar och socker, häll över köttet och låt marinera i 1 timme. Hetta upp oljan och stek köttet gyllene under konstant omrörning. Ta bort från pannan. Tillsätt grönsakerna och stek i 2 minuter. Tillsätt ananas, tomatketchup och fond och låt koka upp. Lägg tillbaka köttet i pannan och värm upp innan servering.

Stekt fläskdumpling

för 4

350 g fläskfilé, skuren i tärningar
15 ml/1 msk risvin eller torr sherry
15 ml/1 msk sojasås
5 ml/1 tsk sesamolja
30 ml/2 msk majsstärkelse (majsstärkelse)
frityrolja

Blanda fläsk, vin eller sherry, sojasås, sesamolja och majsstärkelse för att täcka fläsket i en tjock smet. Hetta upp oljan och stek fläsket i ca 3 minuter tills det är knaprigt. Ta bort fläsket från pannan, hetta upp oljan och stek i ytterligare 3 minuter.

Fem kryddor fläsk

för 4

225 g magert fläsk
5 ml/1 tsk majsstärkelse (majsstärkelse)
2,5 ml/½ tsk Five Spice Powder
2,5 ml/½ tsk salt
15 ml/1 msk risvin eller torr sherry
20 ml/2 msk jordnötsolja (jordnötsolja)
120 ml / 4 fl oz / ½ kopp kycklingfond

Skär fläsket i tunna skivor mot pälsen. Kasta fläsket med majsstärkelse, pulver med fem kryddor, salt och vin eller sherry och blanda väl för att täcka fläsket. Låt stå i 30 minuter, rör om då och då. Hetta upp oljan, tillsätt fläsket och stek i ca 3 minuter. Häll i fonden, låt koka upp, täck och låt sjuda i 3 minuter. Servera omedelbart.

Ångat doftande fläsk

Serverar 6-8

1 bit tangerinskal

45 ml/3 msk jordnötsolja (jordnötsolja)

900 g magert fläsk, skuren i tärningar

250 ml/8 fl oz/1 kopp risvin eller torr sherry

120 ml/½ kopp sojasås

2,5 ml/½ tsk anispulver

½ kanelstång

4 kryddnejlika

5 ml/1 tsk salt

250 ml / 8 fl oz / 1 kopp vatten

2 vårlökar (salladslökar), skivade

1 skiva ingefära, hackad

Blötlägg mandarinskalet i vatten medan du förbereder rätten. Hetta upp oljan och stek fläsket tills det fått lite färg. Tillsätt vin eller sherry, sojasås, anispulver, kanel, kryddnejlika, salt och vatten. Koka upp, tillsätt mandarinskal, vårlök och ingefära. Täck över och koka tills de är mjuka, ca 1½ timme, rör om då och då och tillsätt lite kokande vatten efter behov. Ta bort kryddorna innan servering.

Fläsk med hackad vitlök

för 4

450 g fläsk mage utan skinn
3 skivor ingefärarot
2 vårlökar (salladslökar), hackade
30 ml/2 msk finhackad vitlök
30ml/2 msk sojasås
5 ml/1 tsk salt
15 ml/1 msk kycklingfond
2,5 ml/½ tsk chiliolja
4 kvistar koriander

Lägg fläsket i en kastrull med ingefära och vårlök, täck med vatten, låt koka upp och koka i 30 minuter tills det är mjukt. Ta bort och låt rinna av, skär sedan tunt ca 5 cm². Bred ut skivorna i ett metalldurkslag. Koka upp en kastrull med vatten, lägg i fläskskivorna och koka tills det är varmt i 3 minuter. Lägg upp på en förvärmd serveringsfat. Blanda vitlök, sojasås, salt, buljong och chiliolja och skeda över fläsket. Servera garnerad med koriander.

Stekt fläsk med ingefära

för 4

225 g magert fläsk
5 ml/1 tsk majsstärkelse (majsstärkelse)
30ml/2 msk sojasås
30 ml/2 msk jordnötsolja (jordnötsolja)
1 skiva ingefära, hackad
1 vårlök (lök i skalet), skivad
45 ml/3 msk vatten
5ml/1 tsk farinsocker

Skär fläsket i tunna skivor mot pälsen. Rör ner majsmjölet, strö sedan över sojasåsen och blanda igen. Hetta upp oljan och stek fläsket i 2 minuter tills det fått färg. Tillsätt ingefära och vårlök och fräs i 1 minut. Tillsätt vatten och socker, täck över och koka tills det är kokt, cirka 5 minuter.

Fläsk med gröna bönor

för 4

450 g gröna bönor, skurna i bitar

30 ml/2 msk jordnötsolja (jordnötsolja)

2,5 ml/½ tsk salt

1 skiva ingefära, hackad

225 g magert fläsk, hackat (hackat)

120 ml / 4 fl oz / ½ kopp kycklingfond

75 ml/5 msk vatten

2 ägg

15 ml/1 matsked majsstärkelse (majsstärkelse)

Koka bönorna i cirka 2 minuter och låt dem rinna av. Hetta upp oljan och fräs salt och ingefära i några sekunder. Tillsätt fläsket och stek lätt tills det får färg. Tillsätt bönor och stek i 30 sekunder, pensla med olja. Rör ner fonden, låt koka upp, täck över och låt sjuda i 2 minuter. Vispa 30 ml/2 msk vatten med äggen och rör ner i pannan. Blanda det återstående vattnet med majsstärkelsen. När äggen börjar stelna, rör ner majsstärkelsen och koka tills blandningen tjocknar. Servera omedelbart.

Fläsk med skinka och tofu

för 4

4 torkade kinesiska svampar
5 ml/1 tsk jordnötsolja (jordnötsolja)
100 g rökt skinka, skuren i skivor
225 g tofu, skuren i skivor
225 g magert fläsk, skuren i skivor
15 ml/1 msk risvin eller torr sherry
Salta och nymalen peppar
1 skiva ingefära, hackad
1 vårlök (salladslök), hackad
10 ml/2 tsk majsstärkelse (majsstärkelse)
30 ml/2 msk vatten

Blötlägg svampen i varmt vatten i 30 minuter och låt sedan rinna av. Kassera stjälkarna och skär kapsylerna på mitten. Klä en ugnssäker form med jordnötsolja. Ordna svamp, skinka, tofun och fläsk i lager i behållaren med fläsket ovanpå. Ringla över vin eller sherry, salt och peppar, ingefära och vårlök. Täck över och koka på galler över kokande vatten tills de är genomstekta, cirka 45 minuter. Sila såsen från skålen utan att störa ingredienserna. Tillsätt tillräckligt med vatten för att göra

250 ml/8 fl oz/1 kopp. Blanda maizena och vatten och rör ner i såsen. Lägg i en skål och koka under konstant omrörning tills såsen klarnar och tjocknar.

Stekt fläskkebab

för 4

450 g fläskfilé, skuren i tunna skivor
100 g kokt skinka, skuren i tunna skivor
6 vattenkastanjer, tunt skivade
30ml/2 msk sojasås
30 ml/2 msk vinäger
15 ml/1 msk farinsocker
15 ml/1 msk ostronsås
några droppar chiliolja
45 ml/3 msk majsstärkelse (majsstärkelse)
30 ml/2 msk risvin eller torr sherry
2 ägg, vispade
frityrolja

Trä fläsk, skinka och vattenkastanjer växelvis på små spett. Blanda soja, vinäger, socker, ostronsås och chiliolja. Häll över kebaben, täck över och låt marinera i kylen i 3 timmar. Blanda majsstärkelse, vin eller sherry och ägg till en slät, tjock smet. Vänd kebaberna i smeten så att de täcker dem. Hetta upp oljan och stek kebaben gyllene.

Stuvat fläskknä i röd sås

för 4

1 stort fläskknä

1L/1½ poäng/4¼ koppar kokande vatten
5 ml/1 tsk salt
120 ml/4 fl oz/½ kopp vinäger
120 ml/½ kopp sojasås
45 ml/3 msk honung
5 ml/1 tsk enbär
5 ml/1 tesked anis
5ml/1 tsk koriander
60 ml/4 msk jordnötsolja (jordnötsolja)
6 vårlökar (salladslökar), skivade
2 morötter, tunt skivade
1 stjälk selleri, skivad
45ml/3 msk hoisinsås
30ml/2 msk mangochutney
75 ml/5 msk tomatpuré (pasta)
1 vitlöksklyfta, krossad
60 ml/4 msk hackad gräslök

Koka fläskknäet med vatten, salt, vinäger, 45 ml/3 matskedar sojasås, honung och kryddor. Tillsätt grönsakerna, låt koka upp igen, täck över och koka i ca 1½ timme tills köttet är mört. Ta bort köttet och grönsakerna från pannan, skär köttet från benet och skär i tärningar. Hetta upp oljan och stek köttet gyllene. Tillsätt grönsakerna och fräs i 5 minuter. Tillsätt resterande sojasås, hoisinsås, chutney, tomatpuré och vitlök. Koka upp under konstant omrörning och koka sedan i 3 minuter. Servera beströdd med gräslök.

Marinerat fläsk

för 4

450 g magert fläsk
1 skiva ingefära, hackad
1 vitlöksklyfta, krossad
90ml/6 msk sojasås
15 ml/1 msk risvin eller torr sherry
45 ml/3 msk jordnötsolja (jordnötsolja)
1 vårlök (lök i skalet), skivad
15 ml/1 msk farinsocker
nymalen peppar

Blanda fläsket med ingefära, vitlök, 30ml/2 msk sojasås och vin eller sherry. Låt vila i 30 minuter, rör om då och då, ta sedan bort köttet från marinaden. Hetta upp oljan och stek fläsket tills det fått lite färg. Tillsätt vårlöken, sockret, resterande sojasås och en nypa peppar, täck över och låt sjuda tills fläsket är mört, cirka 45 minuter. Skär fläsket i tärningar och servera sedan.

Marinerade fläskkotletter

för 6

6 fläskkotletter

1 skiva ingefära, hackad

1 vitlöksklyfta, krossad

90ml/6 msk sojasås

30 ml/2 msk risvin eller torr sherry

45 ml/3 msk jordnötsolja (jordnötsolja)

2 vårlökar (salladslökar), hackade

15 ml/1 msk farinsocker

nymalen peppar

Ta bort benen från fläskkotletterna och skär köttet i tärningar. Blanda ingefära, vitlök, 30 ml/2 msk sojasås och vin eller sherry, häll över fläsket och låt marinera i 30 minuter, rör om då och då. Ta bort köttet från marinaden. Hetta upp oljan och stek fläsket tills det fått lite färg. Tillsätt vårlöken och fräs i 1 minut. Blanda resterande soja med socker och en nypa peppar. Rör ner i såsen, låt koka upp, täck och låt sjuda tills fläsket är mört, cirka 30 minuter.

Fläsk med svamp

för 4

25 g torkad kinesisk svamp

30 ml/2 msk jordnötsolja (jordnötsolja)

1 vitlöksklyfta, hackad

225 g magert fläsk, skuren i strimlor

4 vårlökar (skivad lök).

15 ml/1 msk sojasås

15 ml/1 msk risvin eller torr sherry

5 ml/1 tsk sesamolja

Blötlägg svampen i varmt vatten i 30 minuter och låt sedan rinna av. Kassera stjälkarna och hacka locken. Hetta upp oljan och fräs vitlöken tills den fått lite färg. Tillsätt fläsket och fräs tills det får färg. Rör ner vårlök, svamp, sojasås och vin eller sherry och fräs i 3 minuter. Rör ner sesamoljan och servera genast.

Ångad köttpaj

för 4

450 g fläskfärs (

4 vattenkastanjer, finhackade

225 g finhackad svamp

5ml/1 tsk sojasås
Salta och nymalen peppar
1 ägg, lätt uppvispat

Blanda alla ingredienser väl och forma en platt kaka av blandningen på plåten. Lägg plåten på gallret i ångkokaren, täck över och ånga i 1½ timme.

Rött kokt fläsk med svamp

för 4

450 g magert fläsk, skuren i tärningar
250 ml / 8 fl oz / 1 kopp vatten
15 ml/1 msk sojasås

15 ml/1 msk risvin eller torr sherry

5ml/1 tsk socker

5 ml/1 tsk salt

225 gram svamp

Lägg fläsket och vattnet i en kastrull och låt vattnet koka upp. Täck över och koka i 30 minuter, sila sedan och reservera buljongen. Lägg tillbaka fläsket i pannan och tillsätt sojasåsen. Koka på låg värme under omrörning tills sojan absorberas. Rör ner vin eller sherry, socker och salt. Häll i den reserverade buljongen, låt koka upp, täck och låt sjuda i cirka 30 minuter, vänd köttet då och då. Tillsätt svampen och koka i ytterligare 20 minuter.

Fläsk med nudelpannkakor

för 4

30 ml/2 msk jordnötsolja (jordnötsolja)

5 ml/2 tsk salt

225 g magert fläsk, skuren i strimlor

225 g kinakål, hackad

100 g hackade bambuskott

100 g svamp, tunt skivad

150 ml / ¼ pt / generös ½ kopp kycklingfond

10 ml/2 tsk majsstärkelse (majsstärkelse)

15 ml/1 msk risvin eller torr sherry

15 ml/1 matsked vatten

nudelpannkakor

Hetta upp oljan och fräs saltet och fläsket tills det fått lite färg. Tillsätt kål, bambuskott och svamp och fräs i 1 minut. Tillsätt fonden, koka upp, täck och låt koka i 4 minuter eller tills fläsket är mört. Blanda majsmjölet med vinet eller sherryn och vattnet till en pasta, rör ner i pannan och koka under konstant omrörning tills såsen är klar och tjock. Häll över pastapannkakor för att servera.

Fläsk och räkor med nudelpannkakor

för 4

30 ml/2 msk jordnötsolja (jordnötsolja)

5 ml/1 tsk salt

4 vårlökar (skivad lök).

1 vitlöksklyfta, krossad

225 g magert fläsk, skuren i strimlor

100 g svamp, skuren i skivor

4 st selleristänger, skivade

225 g skalade räkor

30ml/2 msk sojasås

10 ml/1 tsk majsstärkelse (majsstärkelse)

45 ml/3 msk vatten

nudelpannkakor

Hetta upp olja och salt och fräs vårlöken och vitlöken tills den är mjuk. Tillsätt fläsket och stek lätt tills det får färg. Tillsätt svampen och sellerin och fräs i 2 minuter. Tillsätt räkorna, ringla över sojasås och rör om tills det är varmt. Blanda majsstärkelsen och vattnet till en pasta, lägg i pannan och koka tills det är varmt under konstant omrörning. Häll över pastapannkakor för att servera.

Fläsk med ostronsås

För 4-6

450 g magert fläsk
15 ml/1 matsked majsstärkelse (majsstärkelse)
10 ml/2 tsk risvin eller torr sherry
en nypa socker
45 ml/3 msk jordnötsolja (jordnötsolja)
10 ml/2 teskedar vatten
30ml/2 msk ostronsås
nymalen peppar
1 skiva ingefära, hackad
60 ml/4 msk kycklingfond

Skär fläsket i tunna skivor mot pälsen. Blanda 5 ml / 1 tsk majsstärkelse med vin eller sherry, socker och 5 ml / 1 tsk olja, tillsätt fläsk och blanda väl. Blanda resterande majsstärkelse med vatten, ostronsås och en nypa peppar. Hetta upp den återstående oljan och fräs ingefäran i 1 minut. Tillsätt fläsket och stek lätt tills det får färg. Tillsätt fond och vatten/ostronsåsblandning, låt koka upp, täck över och koka i 3 minuter.

Fläsk med jordnötter

för 4

450 g magert fläsk, skuren i tärningar

15 ml/1 matsked majsstärkelse (majsstärkelse)

5 ml/1 tsk salt

1 äggvita

3 ramslökar (salladslökar), hackade

1 vitlöksklyfta, hackad

1 skiva ingefära, hackad

45 ml/3 msk kycklingfond

15 ml/1 msk risvin eller torr sherry

15 ml/1 msk sojasås

10ml/2 tsk svart sirap

45 ml/3 msk jordnötsolja (jordnötsolja)

½ gurka, tärnad

25 g skalade jordnötter

5 ml/1 tsk chiliolja

Blanda fläsket med hälften av majsstärkelsen, salt och äggvita och blanda väl för att täcka fläsket. Blanda resterande majsstärkelse med salladslök, vitlök, ingefära, fond, vin eller sherry, sojasås och sirap. Hetta upp oljan och stek fläsket tills det får lite färg, ta sedan ur pannan. Lägg gurkan i pannan och stek i några minuter. Lägg tillbaka fläsket i pannan och rör om försiktigt. Rör ner kryddblandningen, låt koka upp och låt sjuda under konstant omrörning tills såsen är klar och tjocknat. Rör ner jordnötter och chiliolja och värm upp igen innan servering.

Fläsk med paprika

för 4

45 ml/3 msk jordnötsolja (jordnötsolja)
225 g magert fläsk, skuren i tärningar
1 lök, tärnad
2 grön paprika, tärnad
½ huvud kinesiska blad, tärnade
1 skiva ingefära, hackad
15 ml/1 msk sojasås
15 ml/1 tsk socker
2,5 ml/½ tsk salt

Hetta upp oljan och stek fläsket tills det är gyllenbrunt, ca 4 minuter. Tillsätt löken och koka i ca 1 minut. Tillsätt paprikan och fräs i 1 minut. Tillsätt kinesiska blad och fräs i 1 minut. Blanda de återstående ingredienserna, lägg i pannan och fräs i ytterligare 2 minuter.

Kryddigt fläsk med gurka

för 4

900 g fläskkotletter

30 ml/2 msk majsstärkelse (majsstärkelse)

45 ml/3 msk sojasås

30ml/2 msk söt sherry

5 ml/1 tsk riven ingefärarot

2,5 ml/½ tsk Five Spice Powder

En nypa nymalen peppar

frityrolja

60 ml/4 msk kycklingfond

Kinesiska inlagda grönsaker

Putsa kotletterna och ta bort allt fett och ben. Blanda majsstärkelsen, 30 ml/2 msk sojasås, sherry, ingefära, fem kryddor och peppar. Häll över fläsk och rör tills det är helt täckt. Täck över och marinera i 2 timmar, vänd då och då. Hetta upp oljan och stek fläsket tills det är gyllenbrunt och genomstekt. Låt rinna av på hushållspapper. Hacka fläsket grovt, lägg över i ett förvärmt serveringsfat och håll varmt. Blanda fond och resten av sojasåsen i en liten kastrull. Koka upp och häll över det skivade fläsket. Servera garnerad med blandad pickles.

Fläsk med plommonsås

för 4

450 g stuvad fläsk, skuren i tärningar
2 vitlöksklyftor, krossade
Salt-
60 ml/4 msk tomatketchup (katsup)
30ml/2 msk sojasås
45ml/3 msk plommonsås
5 ml/1 tsk curry
5 ml/1 tsk paprika
2,5 ml/½ tesked nymalen peppar
45 ml/3 msk jordnötsolja (jordnötsolja)
6 salladslökar (lökar), skurna i strimlor
4 morötter, skurna i strimlor

Marinera köttet med vitlök, salt, tomatketchup, sojasås, plommonsås, curry, paprika och peppar i 30 minuter. Hetta upp oljan och stek köttet tills det fått lite färg. Ta bort från woken. Tillsätt grönsakerna i oljan och fräs tills de är mjuka. Lägg tillbaka köttet i pannan och värm upp något innan servering.

Fläsk med räkor

Serverar 6-8

900 g magert fläsk

30 ml/2 msk jordnötsolja (jordnötsolja)

1 lök, hackad

1 vårlök (salladslök), hackad

2 vitlöksklyftor, krossade

30ml/2 msk sojasås

50 g skalade räkor, hackade

(Golv)

600 ml/1 pt/2½ kopp kokande vatten

15 ml/1 tsk socker

Koka upp en kastrull med vatten, tillsätt fläsket, täck med lock och låt koka i 10 minuter. Ta bort från pannan och låt rinna av, skär sedan i tärningar. Hetta upp oljan och fräs löken, vårlöken och vitlöken tills de fått lite färg. Tillsätt fläsket och stek tills det fått lite färg. Tillsätt sojasås och räkor och fräs i 1 minut. Tillsätt det kokande vattnet och sockret, täck över och koka tills fläsket är mört, cirka 40 minuter.

Rött kokt fläsk

för 4

675 g magert fläsk skuren i tärningar
250 ml / 8 fl oz / 1 kopp vatten
1 skiva ingefära, krossad
60 ml/4 msk sojasås
15 ml/1 msk risvin eller torr sherry
5 ml/1 tsk salt
10 ml/2 tsk farinsocker

Lägg fläsket och vattnet i en kastrull och låt vattnet koka upp. Tillsätt ingefära, sojasås, sherry och salt, täck över och koka i 45 minuter. Tillsätt sockret, vänd på köttet, täck över och koka ytterligare 45 minuter tills fläsket är mört.

Fläsk i röd sås

för 4

30 ml/2 msk jordnötsolja (jordnötsolja)

225 g fläsknjurar skurna i strimlor

450 g fläsk, skuren i strimlor

1 lök, hackad

4 salladslökar (lökar), skurna i strimlor

2 morötter, skurna i strimlor

1 stav selleri, skuren i strimlor

1 röd paprika, skuren i strimlor

45 ml/3 msk sojasås

45 ml/3 msk torrt vitt vin

300 ml/½ pt/1 ¼ kopp kycklingfond

30ml/2 msk plommonsås

30 ml/2 msk vinäger

5 ml/1 tsk Five Spice Powder

5ml/1 tsk farinsocker

15 ml/1 matsked majsstärkelse (majsstärkelse)

15 ml/1 matsked vatten

Hetta upp oljan och stek njurarna i 2 minuter, ta sedan bort från pannan. Hetta upp oljan och stek fläsket tills det fått lite färg. Tillsätt grönsakerna och fräs i 3 minuter. Tillsätt sojasås, vin, fond, plommonsås, vinäger, pulver med fem kryddor och socker, låt koka upp, täck och låt koka i 30 minuter tills det är mjukt. Lägg till njurarna. Blanda maizena och vatten och rör ner i pannan. Koka upp och koka sedan under konstant omrörning tills såsen tjocknar.

Fläsk med risnudlar

för 4

4 torkade kinesiska svampar
100 g risnudlar
225 g magert fläsk, skuren i strimlor
15 ml/1 matsked majsstärkelse (majsstärkelse)
15 ml/1 msk sojasås
15 ml/1 msk risvin eller torr sherry
45 ml/3 msk jordnötsolja (jordnötsolja)
2,5 ml/½ tsk salt
1 skiva ingefära, hackad
2 st selleri, hackade
120 ml / 4 fl oz / ½ kopp kycklingfond
2 vårlökar (salladslökar), skivade

Blötlägg svampen i varmt vatten i 30 minuter och låt sedan rinna av. Kasta och stjälkar och skär av locken. Blötlägg nudlarna i varmt vatten i 30 minuter, låt dem rinna av och skär dem i 5 cm/2 bitar. Lägg fläsket i en skål. Blanda majsstärkelse, sojasås och vin eller sherry, häll över fläsk och blanda. Hetta upp oljan och fräs salt och ingefära i några sekunder. Tillsätt fläsket och stek lätt tills det får färg. Tillsätt svampen och sellerin och fräs i 1 minut. Tillsätt fonden, låt koka upp, täck över och låt sjuda i 2 minuter. Tillsätt nudlarna och värm i 2 minuter. Rör ner vårlöken och servera genast.

Rika fläskbollar

för 4

450 g fläskfärs (
100 g tofu, mosad
4 vattenkastanjer, finhackade
Salta och nymalen peppar
120 ml / 4 fl oz / ½ kopp jordnötsolja (jordnötsolja)
1 skiva ingefära, hackad
600 ml/1 pt/2½ kopp kycklingfond
15 ml/1 msk sojasås
5ml/1 tsk farinsocker
5 ml/1 tsk risvin eller torr sherry

Blanda fläsk, tofun och kastanjer och smaka av med salt och peppar. Forma till stora bollar. Hetta upp oljan och stek fläskbollarna tills de är gyllene på alla sidor, ta sedan ur pannan. Häll av oljan, förutom 15 ml/1 msk, och tillsätt ingefära, fond, soja, socker och vin eller sherry. Lägg tillbaka fläskbollarna i pannan, låt koka upp och koka försiktigt i 20 minuter.

Stekt fläskkotletter

för 4

4 fläskkotletter

75 ml/5 msk sojasås

frityrolja

100 g selleristavar

3 ramslökar (salladslökar), hackade

1 skiva ingefära, hackad

15 ml/1 msk risvin eller torr sherry

120 ml / 4 fl oz / ½ kopp kycklingfond

Salta och nymalen peppar

5 ml/1 tsk sesamolja

Doppa fläskkotletter i sojasås tills de är väl täckta. Hetta upp oljan och stek kotletterna gyllene. Ta bort och låt rinna av väl. Ordna sellerin i botten av en grund ugnsform. Strö över vårlök och ingefära och lägg fläskkotletterna ovanpå. Täck med vin eller sherry och fond och smaka av med salt och peppar. Ringla över sesamolja. Grädda i en förvärmd ugn på 200°C/400°C/gasnivå 6 i 15 minuter.

Kryddat fläsk

för 4

1 gurka, tärnad

Salt-

450 g magert fläsk, skuren i tärningar

5 ml/1 tsk salt

45 ml/3 msk sojasås

30 ml/2 msk risvin eller torr sherry

30 ml/2 msk majsstärkelse (majsstärkelse)

15 ml/1 msk farinsocker

60 ml/4 msk jordnötsolja (jordnötsolja)

1 skiva ingefära, hackad

1 vitlöksklyfta, hackad

1 röd chilipeppar, kärnad och hackad

60 ml/4 msk kycklingfond

Strö över gurkan med salt och ställ åt sidan. Blanda fläsk, salt, 15 ml / 1 matsked sojasås, 15 ml / 1 matsked vin eller sherry, 15 ml / 1 matsked majsstärkelse, farinsocker och 15 ml / 1 matsked olja. Låt vila i 30 minuter och ta sedan bort köttet från marinaden. Hetta upp den återstående oljan och stek fläsket tills det får färg. Tillsätt ingefära, vitlök och chili och fräs i 2 minuter. Tillsätt gurkan och fräs i 2 minuter. Blanda fond och resterande sojasås, vin eller sherry och majsstärkelse till marinaden. Blanda ner detta i pannan och låt koka upp under konstant omrörning. Koka under omrörning tills såsen tjocknar och tjocknar och fortsätt koka tills köttet är mört.

Släta fläskskivor

för 4

225 g magert fläsk, skuren i skivor
2 äggvitor
15 ml/1 matsked majsstärkelse (majsstärkelse)
45 ml/3 msk jordnötsolja (jordnötsolja)
50 g bambuskott, skurna i skivor
6 vårlökar (salladslökar), hackade
2,5 ml/½ tsk salt
15 ml/1 msk risvin eller torr sherry
150 ml / ¼ pt / generös ½ kopp kycklingfond

Blanda fläsk med äggvita och majsstärkelse tills det är väl täckt. Hetta upp oljan och stek fläsket tills det får lite färg, ta sedan ur pannan. Tillsätt bambuskotten och vårlöken och fräs i 2 minuter. Lägg tillbaka fläsket i pannan med salt, vin eller sherry och kycklingfond. Koka upp och koka under omrörning i 4 minuter tills fläsket är mört.

Fläsk med spenat och morötter

för 4

225 g magert fläsk

2 morötter, skurna i strimlor

225 g spenat

45 ml/3 msk jordnötsolja (jordnötsolja)

1 vårlök (finhackad).

15 ml/1 msk sojasås

2,5 ml/½ tsk salt

10 ml/2 tsk majsstärkelse (majsstärkelse)

30 ml/2 msk vatten

Skär fläsket i tunna skivor mot säden och skär sedan i strimlor. Koka morötterna i cirka 3 minuter och låt dem rinna av. Skär spenatbladen på mitten. Hetta upp oljan och fräs vårlöken i den tills den är gyllene. Tillsätt fläsket och stek lätt tills det får färg. Tillsätt morötter och soja och fräs i 1 minut. Tillsätt salt och spenat och koka under omrörning tills det mjuknat, cirka 30 sekunder. Blanda majsmjöl och vatten till en pasta, rör ner i såsen och fräs tills det är klart och servera omedelbart.

Stuvat fläsk

för 4

450 g magert fläsk, skuren i tärningar
120 ml/½ kopp sojasås
120 ml/4 fl oz/½ kopp risvin eller torr sherry
15 ml/1 msk farinsocker

Blanda ihop alla ingredienser och lägg i en värmesäker skål. Ånga på galler över kokande vatten tills de är mjuka, ca 1½ timme.

Grillat fläsk

för 4

25 g torkad kinesisk svamp
15 ml/1 matsked jordnötsolja (jordnötsolja)
450 g magert fläsk, skuren i skivor
1 grön paprika, tärnad
15 ml/1 msk sojasås
15 ml/1 msk risvin eller torr sherry
5 ml/1 tsk salt
5 ml/1 tsk sesamolja

Blötlägg svampen i varmt vatten i 30 minuter och låt sedan rinna av. Kassera stjälkarna och hacka locken. Hetta upp oljan och stek fläsket tills det fått lite färg. Tillsätt paprikan och fräs i 1 minut. Tillsätt svamp, soja, vin eller sherry, salt och fräs i några minuter tills köttet är mört. Rör ner sesamolja innan servering.

Fläsk med sötpotatis

för 4

frityrolja

2 stora sötpotatisar, skivade

30 ml/2 msk jordnötsolja (jordnötsolja)

1 skiva ingefära, skivad

1 lök, hackad

450 g magert fläsk, skuren i tärningar

15 ml/1 msk sojasås

2,5 ml/½ tsk salt

nymalen peppar

250 ml / 1 dl kycklingfond

30 ml/2 matskedar currypulver

Hetta upp oljan och stek sötpotatisen gyllene. Ta bort från pannan och låt rinna av väl. Hetta upp jordnötsolja (jordnötsolja) och fräs ingefära och lök tills de fått lite färg. Tillsätt fläsket och stek lätt tills det får färg. Tillsätt sojasås, salt och en nypa peppar, rör ner fond och curry, låt koka upp och koka i 1 minut under konstant omrörning. Tillsätt hash browns, täck över och koka i 30 minuter eller tills fläsket är mört.

Sötsurt fläsk

för 4

450 g magert fläsk, skuren i tärningar
15 ml/1 msk risvin eller torr sherry
15 ml/1 matsked jordnötsolja (jordnötsolja)
5 ml/1 tsk curry
1 ägg, uppvispat
Salt-
100 g majsstärkelse (majsstärkelse)
frityrolja
1 vitlöksklyfta, krossad
75 g/½ kopp socker
50 g tomatketchup (katsup)
5 ml/1 tesked vinäger
5 ml/1 tsk sesamolja

Blanda fläsket med vin eller sherry, olja, curry, ägg och lite salt. Rör ner majsstärkelsen tills fläsket är täckt av smeten. Värm oljan tills den ryker och tillsätt sedan det tärnade fläsket några gånger. Stek i 3 minuter, låt rinna av och ställ åt sidan. Hetta upp oljan och stek tärningarna igen i ca 2 minuter. Ta bort och dränera. Värm upp vitlök, socker, tomatketchup och vinäger under konstant omrörning tills sockret lösts upp. Koka upp, tillsätt sedan fläsktärningarna och blanda väl. Rör ner sesamoljan och servera.

Rejäl fläsk

för 4

30 ml/2 msk jordnötsolja (jordnötsolja)
450 g magert fläsk, skuren i tärningar
3 vårlökar (salladslökar), skivade
2 vitlöksklyftor, krossade
1 skiva ingefära, hackad
250 ml / 8 fl oz / 1 kopp sojasås
30 ml/2 msk risvin eller torr sherry
30ml/2 msk farinsocker
5 ml/1 tsk salt
600 ml/1 pt/2½ kopp vatten

Hetta upp oljan och stek fläsket tills det är gyllenbrunt. Häll av överflödig olja, tillsätt vårlök, vitlök och ingefära och fräs i 2 minuter. Tillsätt sojasås, vin eller sherry, socker och salt och blanda väl. Tillsätt vatten, koka upp, täck över och koka i 1 timme.

Fläsk med tofu

för 4

450 g magert fläsk

45 ml/3 msk jordnötsolja (jordnötsolja)

1 lök, hackad

1 vitlöksklyfta, krossad

225 g tofu, skuren i tärningar

375 ml / 13 fl oz / 1½ dl kycklingfond

15 ml/1 msk farinsocker

60 ml/4 msk sojasås

2,5 ml/½ tsk salt

Lägg fläsket i en kastrull och täck med vatten. Koka upp och låt sedan sjuda i 5 minuter. Häll av och låt svalna, skär sedan i tärningar.

Hetta upp oljan och fräs löken och vitlöken tills de fått lite färg. Tillsätt fläsket och stek tills det fått lite färg. Tillsätt tofun och rör försiktigt tills den är täckt med olja. Tillsätt fond, socker, soja och salt, låt koka upp, täck och låt koka i ca 40 minuter tills fläsket är mört.

Mjukstekt fläsk

för 4

225 g fläskfilé, skuren i tärningar

1 äggvita

30 ml/2 msk risvin eller torr sherry

Salt-

225 g majsstärkelse (majsstärkelse)

frityrolja

Blanda fläsket med äggvita, vin eller sherry och lite salt. Tillsätt gradvis tillräckligt med majsstärkelse för att göra en tjock smet. Hetta upp oljan och stek fläsket tills det är gyllene och krispigt på utsidan och mjukt på insidan.

Två gånger kokt fläsk

för 4

225 g magert fläsk
45 ml/3 msk jordnötsolja (jordnötsolja)
2 grön paprika, skuren i bitar
2 vitlöksklyftor, hackade
2 vårlökar (salladslökar), skivade
15 ml/1 matsked varm bönsås
15 ml/1 msk kycklingfond
5ml/1 tsk socker

Lägg fläsket i en gryta, täck med vatten, koka upp och låt koka i 20 minuter tills det är mjukt. Ta bort och låt rinna av och låt svalna. skiva tunt.

Hetta upp oljan och stek fläsket tills det fått lite färg. Tillsätt paprika, vitlök och vårlök och fräs i 2 minuter. Ta bort från pannan. Tillsätt bönsåsen, fonden och sockret i pannan och låt koka i 2 minuter under konstant omrörning. Lägg tillbaka fläsket och paprikan och fräs tills det är genomvärmt. Servera omedelbart.

fläsk med grönsaker

för 4

2 vitlöksklyftor, krossade

5 ml/1 tsk salt

2,5 ml/½ tesked nymalen peppar

30 ml/2 msk jordnötsolja (jordnötsolja)

30ml/2 msk sojasås

225 g broccolibuktor

200 g blomkålsbuketter

1 röd paprika, tärnad

1 lök, hackad

2 apelsiner, skalade och tärnade

1 bit ingefära stjälk, hackad

30 ml/2 msk majsstärkelse (majsstärkelse)

300 ml/½ pt/1¼ kopp vatten

20 ml/2 msk vinäger

15 ml/1 matsked honung

En nypa mald ingefära

2,5 ml/½ tsk spiskummin

Mosa ner vitlök, salt och peppar i köttet. Hetta upp oljan och stek köttet tills det fått lite färg. Ta bort från pannan. Tillsätt sojasåsen och grönsakerna i pannan och fräs tills de är mjuka men fortfarande knapriga. Tillsätt apelsinerna och ingefäran. Blanda maizena och vatten och rör ner i pannan med vinäger, honung, ingefära och spiskummin. Koka upp och koka i 2 minuter under konstant omrörning. Lägg tillbaka fläsket i pannan och värm upp innan servering.

Fläsk med valnötter

för 4

50 gram valnötter

225 g magert fläsk, skuren i strimlor

30 ml/2 matskedar vanligt (all-purpose) mjöl

30ml/2 msk farinsocker

30ml/2 msk sojasås

frityrolja

15 ml/1 matsked jordnötsolja (jordnötsolja)

Blanchera valnötterna i kokande vatten i 2 minuter och låt dem rinna av. Blanda fläsket väl med mjöl, socker och 15 ml/1 matsked sojasås. Hetta upp oljan och stek fläsket tills det är knaprigt och gyllene. Låt rinna av på hushållspapper. Hetta upp jordnötsoljan (jordnötsoljan) och stek valnötterna gyllene. Tillsätt fläsket i pannan, pensla med resten av sojasåsen och fräs tills det är varmt.

Fläsk wontons

för 4

450 g fläskfärs (
1 vårlök (salladslök), hackad
225 g blandade grönsaker, hackade
30ml/2 msk sojasås
5 ml/1 tsk salt
40 wonton skinn
frityrolja

Hetta upp en panna och fräs fläsket och vårlöken tills de fått lite färg. Ta av från värmen och rör ner grönsaker, soja och salt.

För att vika wontonen, håll skalet i din vänstra handflata och ös in lite av fyllningen i mitten. Fukta kanterna med ägg och vik skalet till en triangel, försegla kanterna. Fukta hörnen med ägg och ring ihop dem.

Hetta upp oljan och stek wontonsna gradvis tills de är gyllene. Låt rinna av väl före servering.

Fläsk med vattenkastanjer

för 4

45 ml/3 msk jordnötsolja (jordnötsolja)
1 vitlöksklyfta, krossad
1 vårlök (salladslök), hackad
1 skiva ingefära, hackad
225 g magert fläsk, skuren i strimlor
100 g vattenkastanjer, tunt skivade
45 ml/3 msk sojasås
15 ml/1 msk risvin eller torr sherry
5 ml/1 tsk majsstärkelse (majsstärkelse)

Hetta upp oljan och fräs vitlök, vårlök och ingefära tills de fått lite färg. Tillsätt fläsket och fräs i 10 minuter tills det är gyllene. Tillsätt vattenkastanjerna och stek i 3 minuter. Tillsätt resten av ingredienserna och fräs i 3 minuter.

Fläsk och räkor wontons

för 4

225 g malet (malet) fläsk
2 vårlökar (salladslökar), hackade
100 g blandade grönsaker, hackade
100 g svamp, hackad
225 g skalade räkor, hackade
15 ml/1 msk sojasås
2,5 ml/½ tsk salt
40 wonton skinn
frityrolja

Hetta upp en panna och fräs fläsket och vårlöken tills de fått lite färg. Blanda i resterande ingredienser.

För att vika wontonen, håll skalet i din vänstra handflata och ös in lite av fyllningen i mitten. Fukta kanterna med ägg och vik skalet till en triangel, försegla kanterna. Fukta hörnen med ägg och ring ihop dem.

Hetta upp oljan och stek wontonsna gradvis tills de är gyllene. Låt rinna av väl före servering.

Ångkokta köttbullar

för 4

2 vitlöksklyftor, krossade

2,5 ml/½ tsk salt

450 g fläskfärs (

1 lök, hackad

1 röd paprika, hackad

1 grön paprika, hackad

2 bitar ingefära stjälk, hackad

5 ml/1 tsk curry

5 ml/1 tsk paprika

1 ägg, uppvispat

45 ml/3 msk majsstärkelse (majsstärkelse)

50 g kortkornigt ris

Salta och nymalen peppar

60 ml/4 msk hackad gräslök

Blanda vitlök, salt, fläsk, lök, paprika, ingefära, curry och paprika. Arbeta in äggen i blandningen tillsammans med majsstärkelse och ris. Krydda med salt och peppar och rör sedan ner gräslöken. Forma blandningen till små bollar med blöta händer. Lägg dem i en ångkorg, täck över och koka över försiktigt sjudande vatten i 20 minuter tills de är mjuka.

Spare ribs med svartbönsås

för 4

900 g fläsk revbensspjäll

2 vitlöksklyftor, krossade

2 vårlökar (salladslökar), hackade

30ml/2 msk svartbönsås

30 ml/2 msk risvin eller torr sherry

15 ml/1 matsked vatten

30ml/2 msk sojasås

15 ml/1 matsked majsstärkelse (majsstärkelse)

5ml/1 tsk socker

120 ml/4 fl oz½ kopp vatten

30 ml/2 msk olja

2,5 ml/½ tsk salt

120 ml / 4 fl oz / ½ kopp kycklingfond

Skär spareribs i 2,5 cm/1 bit. Blanda vitlök, salladslök, svartbönsås, vin eller sherry, vatten och 15 ml/1 msk sojasås. Blanda den återstående sojasåsen med maizena, socker och vatten. Hetta upp olja och salt och stek revbenen tills de är gyllene. Tappa ur oljan. Tillsätt vitlöksblandningen och fräs i 2 minuter. Tillsätt fonden, låt koka upp, täck över och låt sjuda i

4 minuter. Rör ner majsstärkelseblandningen och koka under konstant omrörning tills såsen är klar och tjocknat.

Grillade revbensspjäll

för 4

3 vitlöksklyftor, krossade
75 ml/5 msk sojasås
60ml/4 msk hoisinsås
60 ml/4 msk risvin eller torr sherry
45 ml/3 msk farinsocker
30 ml/2 msk tomatpuré (pasta)
900 g fläsk revbensspjäll
15 ml/1 matsked honung

Blanda vitlök, sojasås, hoisinsås, vin eller sherry, farinsocker och tomatpuré, häll över revbenen, täck över och marinera över natten.

Låt revbenen rinna av och lägg dem på ett galler i en ugnsform med lite vatten under. Grädda i en förvärmd ugn vid 180°C/350°F/gasmarkering 4 i 45 minuter, tråckla då och då med marinaden, spara 30 ml/2 msk av marinaden. Blanda den reserverade marinaden med honung och pensla revbenen. Grilla eller grilla under en het grill i 10 minuter.

Grillade Maple Spare Ribs

för 4

900 g fläsk revbensspjäll

60 ml/4 msk lönnsirap

5 ml/1 tsk salt

5ml/1 tsk socker

45 ml/3 msk sojasås

15 ml/1 msk risvin eller torr sherry

1 vitlöksklyfta, krossad

Skär revbenen i 5 cm/2 bitar och lägg i en skål. Blanda ihop alla ingredienser, tillsätt revbenen och blanda väl. Täck över och låt marinera över natten. Grilla eller rosta på medelhög värme i 30 minuter.

Stekta revbensspjäll

för 4

900 g fläsk revbensspjäll

120 ml / 4 fl oz / ½ kopp tomatketchup (katsup)

120 ml/4 fl oz/½ kopp vinäger

60 ml/4 msk mangochutney

45 ml/3 msk risvin eller torr sherry

2 vitlöksklyftor, hackade

5 ml/1 tsk salt

45 ml/3 msk sojasås

30 ml/2 msk honung

15 ml/1 matsked milt currypulver

15 ml/1 tsk paprika

frityrolja

60 ml/4 msk hackad gräslök

Lägg spareribs i skålen. Blanda alla ingredienser utom olja och gräslök, häll över revbenen, täck över och låt marinera i minst 1 timme. Hetta upp oljan och stek revbenen tills de är knapriga. Servera beströdd med gräslök.

Spare ribs med purjolök

för 4

450 g fläsk revbensspjäll
frityrolja
250 ml / 8 fl oz / 1 kopp buljong
30 ml/2 matskedar tomatketchup (katsup)
2,5 ml/½ tsk salt
2,5 ml/½ tsk socker
2 purjolök, skuren i bitar
6 salladslökar (lökar), hackade
50 g broccolibuktor
5 ml/1 tsk sesamolja

Skär spareribs i 5 cm bitar. Hetta upp oljan och stek revbenen tills de börjar få färg. Ta bort från pannan och rinna av allt utom 30 ml/2 msk olja. Tillsätt fond, tomatketchup, salt och socker, låt koka upp och koka i 1 minut. Lägg tillbaka revbenen i pannan och koka tills de är mjuka, cirka 20 minuter.

Värm under tiden ytterligare 30 ml/2 msk olja och fräs purjolöken, vårlöken och broccolin i cirka 5 minuter. Ringla över sesamolja och lägg på en förvärmd tallrik. Lägg revbenen och såsen i mitten och servera.

Spare ribs med svamp

För 4-6

6 torkade kinesiska svampar
900 g fläsk revbensspjäll
2 stjärnanisnejlika
45 ml/3 msk sojasås
5 ml/1 tsk salt
15 ml/1 matsked majsstärkelse (majsstärkelse)

Blötlägg svampen i varmt vatten i 30 minuter och låt sedan rinna av. Kasta och stjälkar och skär av locken. Skär revbenen i 5 cm/2 bitar. Koka upp vattnet i en kastrull, lägg i revbenen och koka i 15 minuter. Dränera väl. Lägg tillbaka revbenen i pannan och täck med kallt vatten. Tillsätt svamp, stjärnanis, soja och salt. Koka upp, täck och koka tills köttet är mört, cirka 45 minuter. Blanda majsstärkelsen med lite kallt vatten, rör ner i pannan och låt sjuda under konstant omrörning tills såsen är klar och tjocknat.

Spare ribs med apelsin

för 4

900 g fläsk revbensspjäll

5 ml/1 tsk riven ost

5 ml/1 tsk majsstärkelse (majsstärkelse)

45 ml/3 msk risvin eller torr sherry

Salt-

frityrolja

15 ml/1 matsked vatten

2,5 ml/½ tsk socker

15 ml/1 msk tomatpuré (pasta)

2,5 ml/½ tsk chilisås

rivet skal av 1 apelsin

1 apelsin, skivad

Skär revbenen i bitar och blanda med ost, majsmjöl, 5 ml/1 tsk vin eller sherry och en nypa salt. Låt marinera i 30 minuter. Hetta upp oljan och stek revbenen tills de är gyllenbruna, ca 3 minuter. Värm 15 ml/1 msk olja i en wok, tillsätt vatten, socker, tomatpuré, chilisås, apelsinskal och resterande vin eller sherry och rör om på låg värme i 2 minuter. Tillsätt fläsk och rör om tills det är väl täckt. Lägg på en varm tallrik och servera garnerad med apelsinskivor.

Ananas revbensspjäll

för 4

900 g fläsk revbensspjäll

600 ml/1 pt/2½ kopp vatten

30 ml/2 msk jordnötsolja (jordnötsolja)

2 vitlöksklyftor, fint hackade

200 g konserverad ananas i fruktjuice

120 ml / 4 fl oz / ½ kopp kycklingfond

60 ml/4 msk vinäger

50 g / ¼ kopp farinsocker

15 ml/1 msk sojasås

15 ml/1 matsked majsstärkelse (majsstärkelse)

3 ramslökar (salladslökar), hackade

Lägg fläsket och vattnet i en kastrull, låt koka upp, täck över och koka i 20 minuter. Dränera väl.

Hetta upp oljan och fräs vitlöken tills den fått lite färg. Lägg i revbenen och stek tills de är väl täckta i olja. Häll av ananasbitarna och tillsätt 120 ml av saften i pannan med fond, vinäger, socker och sojasås. Koka upp, täck och koka i 10 minuter. Tillsätt den avrunna ananasen. Blanda majsmjölet med lite vatten, rör ner i såsen och låt sjuda under konstant omrörning tills såsen blir klar och tjocknar. Servera beströdd med vårlök.

Krispiga räkor Spare Ribs

för 4

900 g fläsk revbensspjäll
450 g skalade räkor
5ml/1 tsk socker
Salta och nymalen peppar
30 ml/2 matskedar vanligt (all-purpose) mjöl
1 ägg, lätt uppvispat
100 gram ströbröd
frityrolja

Skär spareribs i 5 cm bitar. Skär bort en del av köttet och hacka det med räkor, socker, salt och peppar. Rör ner mjöl och tillräckligt med ägg för att göra blandningen kladdig. Tryck till revbenen och strö över ströbröd. Hetta upp oljan och stek revbenen tills de flyter upp till ytan. Låt rinna av väl och servera varm.

Spare ribs med risvin

för 4

900 g fläsk revbensspjäll
450 ml/¾ pt/2 koppar vatten
60 ml/4 msk sojasås
5 ml/1 tsk salt
30 ml/2 msk risvin
5ml/1 tsk socker

Skär revbenen i 2,5 cm/1 bit. Lägg i en kastrull med vatten, soja och salt, låt koka upp, täck och låt sjuda i 1 timme. Dränera väl. Hetta upp pannan och tillsätt revbensspjäll, risvin och socker. Rör om på hög värme tills vätskan avdunstar.

Spare ribs med sesamfrön

för 4

900 g fläsk revbensspjäll

1 ägg

30 ml/2 matskedar vanligt (all-purpose) mjöl

5 ml/1 tsk potatismjöl

45 ml/3 msk vatten

frityrolja

30 ml/2 msk jordnötsolja (jordnötsolja)

30 ml/2 matskedar tomatketchup (katsup)

30ml/2 msk farinsocker

10 ml/2 tsk vinäger

45 ml/3 msk sesamfrön

4 salladsblad

Skär revbenen i 10 cm/4 bitar och lägg i en skål. Blanda äggen med mjöl, potatismjöl och vatten, blanda ner dem i revbenen och låt vila i 4 timmar.

Hetta upp oljan och stek revbenen tills de är gyllene, ta sedan bort och låt rinna av. Hetta upp oljan och fräs tomatketchup, farinsocker och vinäger i några minuter. Tillsätt revbenen och fräs tills de är helt täckta. Strö över sesamfrön och stek i 1 minut. Lägg salladsbladen på en förvärmd serveringsfat, toppa med revben och servera.

Söta och sura revbensspjäll

för 4

900 g fläsk revbensspjäll

600 ml/1 pt/2½ kopp vatten

30 ml/2 msk jordnötsolja (jordnötsolja)

2 vitlöksklyftor, krossade

5 ml/1 tsk salt

100 gram farinsocker

75 ml/5 msk kycklingfond

60 ml/4 msk vinäger

100 g konserverad ananas i sirap

15 ml/1 msk tomatpuré (pasta)

15 ml/1 msk sojasås

15 ml/1 matsked majsstärkelse (majsstärkelse)

30ml/2 msk torkad kokosnöt

Lägg fläsket och vattnet i en kastrull, låt koka upp, täck över och koka i 20 minuter. Dränera väl.

Hetta upp oljan och stek revbenen med vitlök och salt tills de är bruna. Tillsätt socker, fond och vinäger och låt koka upp. Låt ananasen rinna av och tillsätt 30 ml/2 msk sirap i pannan med tomatpuré, soja och majsstärkelse. Blanda väl och koka under konstant omrörning tills såsen tar slut och tjocknar. Tillsätt ananasen, låt sjuda i 3 minuter och servera beströdd med kokos.

Stekta revbensspjäll

för 4

900 g fläsk revbensspjäll
1 ägg, uppvispat
5ml/1 tsk sojasås
5 ml/1 tsk salt
10 ml/2 tsk majsstärkelse (majsstärkelse)
10 ml/2 tsk socker
60 ml/4 msk jordnötsolja (jordnötsolja)
250 ml / 1 kopp vinäger
250 ml / 8 fl oz / 1 kopp vatten
250 ml/8 fl oz/1 kopp risvin eller torr sherry

Lägg spareribs i skålen. Blanda äggen med sojasås, salt, hälften av majsstärkelsen och hälften av sockret, lägg i revbenen och blanda väl. Hetta upp oljan och stek revbenen tills de är bruna. Tillsätt resterande ingredienser, koka upp och koka tills vätskan nästan har avdunstat.

Spare ribs med tomater

för 4

900 g fläsk revbensspjäll

75 ml/5 msk sojasås

30 ml/2 msk risvin eller torr sherry

2 ägg, vispade

45 ml/3 msk majsstärkelse (majsstärkelse)

frityrolja

45 ml/3 msk jordnötsolja (jordnötsolja)

1 lök, tunt skivad

250 ml / 1 dl kycklingfond

60 ml/4 msk tomatketchup (katsup)

10 ml/2 tsk farinsocker

Skär spareribs i 2,5 cm/1 bit. Blanda med 60 ml/4 msk sojasås och vin eller sherry och låt marinera i 1 timme, rör om då och då. Häll av, häll marinaden. Klä revbenen i ägg och sedan i majsstärkelse. Hetta upp oljan och stek revbenen tills de är gyllene. Dränera väl. Hetta upp jordnötsolja (jordnötsolja) och fräs löken tills den är genomskinlig. Tillsätt fonden, återstående sojasås, ketchup och farinsocker och koka under omrörning i 1 minut. Lägg i revbenen och koka i 10 minuter.

Grillad fläskstek

För 4-6

1,25 kg benfri fläskaxel
2 vitlöksklyftor, krossade
2 vårlökar (salladslökar), hackade
250 ml / 8 fl oz / 1 kopp sojasås
120 ml/4 fl oz/½ kopp risvin eller torr sherry
100 gram farinsocker
5 ml/1 tsk salt

Lägg fläsket i en skål. Blanda de återstående ingredienserna, häll över fläsket, täck över och låt marinera i 3 timmar. Lägg fläsket och marinaden i en bakplåt och tillaga i en förvärmd ugn vid 200°C/400°F/gasmark 6 i 10 minuter. Sänk värmen till 160°C/325°F/gasmarkering 3 i 1¾ timmar, tills fläsket är mört.

Kall fläsk med senap

för 4

1 kg benfri fläskstek

250 ml / 8 fl oz / 1 kopp sojasås

120 ml/4 fl oz/½ kopp risvin eller torr sherry

100 gram farinsocker

3 ramslökar (salladslökar), hackade

5 ml/1 tsk salt

30ml/2 msk senapspulver

Lägg fläsket i en skål. Blanda alla övriga ingredienser utom senap och häll över fläsk. Låt marinera i minst 2 timmar, tråckla ofta. Klä en långpanna med aluminiumfolie och lägg fläsket på ett galler i en form. Grädda i en förvärmd ugn vid 200°C/400°F/gasmarkering 6 i 10 minuter, sänk sedan temperaturen till 160°C/325°F/gasmarkering 3 i ytterligare 1¾ timmar tills fläsket är mört. Låt svalna och svalna sedan i kylen. Skivor mycket tunna. Blanda senapspulvret med precis tillräckligt med vatten för att göra en krämig pasta att servera med fläsket.

Kinesiskt stekt fläsk

för 6

1,25 kg stekt fläsk skuret i tjocka skivor
2 vitlöksklyftor, fint hackade
30 ml/2 msk risvin eller torr sherry
15 ml/1 msk farinsocker
15 ml/1 matsked honung
90ml/6 msk sojasås
2,5 ml/½ tsk Five Spice Powder

Lägg fläsket i en grund form. Blanda resterande ingredienser, häll över fläsket, täck över och låt marinera över natten i kylen, vänd då och då och tråckla.

Lägg fläsksteken på grillen i en långpanna fylld med lite vatten och täck den väl med marinaden. Grädda i en förvärmd ugn vid 180°C/350°F/gasmarkering 5 i cirka 1 timme, tråckla då och då tills fläsket är klart.

Fläsk med spenat

Serverar 6-8

30 ml/2 msk jordnötsolja (jordnötsolja)

1,25 kg fläskfilé

250 ml / 1 dl kycklingfond

15 ml/1 msk farinsocker

60 ml/4 msk sojasås

900 g spenat

Hetta upp oljan och stek köttet på alla sidor. Häll av det mesta av fettet. Tillsätt fond, socker och soja, låt koka upp, täck och låt koka i ca 2 timmar tills fläsket är klart. Ta bort köttet från pannan och låt det svalna något, skär det sedan i skivor. Tillsätt spenaten i kastrullen och låt sjuda tills den är mjuk, rör försiktigt. Häll av spenaten och lägg på en förvärmd tallrik. Toppa med fläskskivor och servera.

www.ingramcontent.com/pod-product-compliance
Lightning Source LLC
Chambersburg PA
CBHW071238080526
44587CB00013BA/1678